DAS GESAMTE DEUTSCHE RECHT
IN SYSTEMATISCHER DARSTELLUNG
HERAUSGEGEBEN VON RUDOLF STAMMLER

TEIL X

LUDWIG LASS

KONKURSRECHT

VERLAG VON GEORG STILKE, BERLIN

Konkursrecht

von

Ludwig Lass

Inhaltsübersicht.[1]

[1]) Die nachfolgende Darstellung beschränkt sich auf das Allerwichtigste des Konkurrechts, sie umfaßt daher nur die Grundzüge dieses Rechtsgebiets.

Einleitung.

1. Konkurs[1][2] ist die Rechtseinrichtung[3], die dazu bestimmt ist, eine geordnete[4], anteilmäßige[5] Befriedigung der Gläubiger eines gemeinsamen zahlungsunfähigen — in gewissen Fällen auch eines überschuldeten — Schuldners aus dessen gegenwärtigem pfändbarem Vermögen herbeizuführen.

2. Das Konkursrecht ist teils materielles, teils formelles Recht. Man unterscheidet:

α) Materielles Konkursrecht, d. i. Inbegriff der Rechtsnormen, welche die Wirkung des Konkurses auf die materiellen Rechte der Beteiligten regeln[6].

β) Formelles Konkursrecht, das wiederum zerfällt in:

a) Konkursverfassungsrecht, das die Lehre von den Konkursorganen (Konkursgericht, Konkursverwalter, Gläubigerversammlung und Gläubigerausschuß) umfaßt;

b) Konkursverfahren, das die Vorschriften umfaßt, welche die Auseinandersetzung zwischen Gemeinschuldner und seinen Gläubigern im einzelnen regeln (Eröffnungsverfahren, Verwaltung und Verwertung der Teilungsmasse, Feststellung der Konkursforderungen, Verteilungsverfahren, Abschluß des Verfahrens)[7].

---

[1] Konkurs wird hergeleitet von concurrere: zusammenlaufen, sich mitbewerben. Es handelt sich hier um einen concursus creditorum, ein vereinigtes Vorgehen von Gläubigern eines gemeinschaftlichen Schuldners, um aus dessen zur Befriedigung aller nicht ausreichendem Vermögen möglichst gedeckt zu werden.

[2] Statt Konkurs kommen folgende Bezeichnungen vor: Gant (von incantare — öffentlicher Verkauf — aus den italienischen Stadtrechten), Falliment (fallimento, fallite).

[3] Im Sprachgebrauch bezeichnet Konkurs auch ein bestimmtes Konkursverfahren eines einzelnen. (Im „Konkurs" des A. wird eine Dividende von 50% bezahlt.)

[4] Im Falle des Vermögenszusammenbruchs eines Schuldners tritt an die Stelle des sonst geltenden Prinzips der Prävention oder der Priorität („Wer zuerst kommt, mahlt zuerst") ein geordnetes Kontributionssystem, d. h. ein rechtlich gegliedertes Verfahren einer gleichmäßigen, anteiligen Befriedigung der Gläubiger (Konkurssystem).

[5] Der Anteil des einzelnen Gläubigers bestimmt sich nicht allein nach der Höhe der Forderung, sondern auch nach ihrer Stärke oder Schwäche, ihrem Wert oder Rang (Vorrecht, Privilegium). Der Konkurs zeigt so recht die Bedeutung der verschiedenen Werte gleich hoher Forderungen. Der bevorrechtigte Gläubiger kann im Konkurs befriedigt werden, der nichtbevorrechtigte leer ausgehen.

[6] Das materielle Konkursrecht gibt namentlich Aufschluß über folgende Fragen:
Welche Wirkung hat der Konkurs auf die Rechte des Gemeinschuldners?
Welche Rechte erwerben die Gläubiger an dem unzulänglichen Vermögen?
Wie äußern sich diese Rechte auf gewisse vom Gemeinschuldner vorgenommene Geschäfte (Schenkungen, Befriedigung von Gläubigern usw.)?
Was gehört zu dem verteilbaren Vermögen des Gemeinschuldners (der Konkursmasse)?
Wie und in welcher Rangordnung sind die Gläubiger zu befriedigen?
Welche rechtliche Stellung haben die Gläubiger im Konkurs?

[7] Das Konkursverfahren ist nicht Verwaltungsverfahren, sondern Gerichtsverfahren. Es gehört aber nicht zur freiwilligen Gerichtsbarkeit, sondern ist eine besondere Verfahrensart des Zivilprozeßrechts.

Dazu treten noch eine Reihe von strafrechtlichen Vorschriften, die dem Strafrecht angehören (einfacher Bankrott, betrügerischer Bankrott).

3. Rechtsquellen.

a) Das wichtigste Gesetz ist die Konkursordnung vom 10. Februar 1877, abgeändert durch Gesetz vom 17. Mai 1898, in der Fassung der Bekanntmachung des Reichskanzlers vom 20. Mai 1898 (RGBl. S. 612).

b) Gesetz, betr. die Einführung der Konkursordnung, vom 10. Februar 1877, abgeändert durch Gesetz vom 17. Mai 1898 (RGBl. 1877 S. 390, RGBl. 1898 S. 248).

c) Gesetz über den Vergleich zur Abwendung des Konkurses (Vergleichsordnung) vom 5. Juli 1927 (RGBl. 1927 S. 139)[8].

d) Daneben enthalten zahlreiche Reichs-[9]) (auch Landes-) gesetze[10]) konkursrechtliche Vorschriften.

4. Schrifttum. Hervorzuheben sind folgende Schriften:

a) Grundlehren:
F. Oetker, Konkursrechtl. Grundbegriffe (I. Bd. Die Gläubiger) 1891; A. S. Schultze, Das deutsche Konkursrecht in seinen juristischen Grundlagen 1880; L. Seuffert, Zur Geschichte u. Dogmatik des deutschen K.rechts (I. Abt. Rechtsverhältnisse der Aktivmasse) 1888; Senst, Verwaltung v. Konkursen, 9. Aufl. 1928; derselbe, Handbuch für den Konkursrichter, 4. Aufl. 1928.

b) Lehrbücher:
W. Endemann 1889; H. Fitting, 3. Aufl. 1904; C. Fuchs 1877; Heilfron-Pick, 2. Aufl. 1913; F. Hellmann 1907; G. Kleinfeller 1912; Kohler 1891; Rintelen, 2. Aufl. 1902; L. Seuffert i. Bindings Handbuch 1899; E. Jaeger i. Encycl. der Rechts-W. 1924.

c) Kurze Darstellungen:
Freih. v. Aufseß, Leitfaden z. Einf. i. d. Konkursrecht u. Konkursverfahren, 2. Aufl. 1931; L. v. Bar i. Handwörterbuch der Staatsw., Bd. 6; F. Hellmann i. Birkmeyers Encycl.; J. Kohler, Leitfaden 1903 u. i. v. Holtzendorff-Kohlers Encycl., 7. Aufl. 1913; Leopold Levy i. „Gerichtspraxis", 2. Aufl. 1926; W. Kisch, Grundriß, 9. Aufl. 1930; Heilfron-Picks Grundriß, 4. Aufl. 1927; Siméon, Recht u. Rechtsgang, 5., 6. Aufl. Bd. II S. 627ff.; Naucke, K.Leitf. f. Konkursverwalter, 3. Aufl. 1927; Schäffers Grundrisse, Bd. 11, 1931.

---

[8]) In Kraft getreten am 1. Oktober 1927. Mit diesem Tage sind die Verordnungen über die Geschäftsaufsicht zur Abwendung des Konkurses v. 14. Dezember 1916 i. d. F. der Verordnungen v. 8. Februar u. 14. Juni 1924 außer Wirksamkeit getreten.

[9]) So BGB. (Konkurs eines Vereins, jur. Person, Hinterlegung usw.), das Handelsgesetzbuch (Konkurs eines Kaufmanns, einer Handelsgesellschaft, Eintragung im Handelsregister), Wechselordnung (Art. 29) u. Scheckgesetz (§ 24), Gesetz über Gesellschaften mit beschränkter Haftung, Genossenschaftsgesetz, Hypothekenbankgesetz, Depotgesetz, Gewerbeordnung (Konkurs einer Innung usw.), Schuldverschreibungsgesetz (§ 18), Versicherungs-Aufsichtsgesetz, Versicherungs-Vertragsgesetz (§§ 13, 40, 77, 100, 157), Zivilprozeßordnung, Zwangsversteigerungsgesetz, Reichs-Anfechtungsgesetz, Gesetz über d. literar. Urheberrecht (§ 10), Kunstschutzgesetz (§ 14), Verlagsgesetz (§ 36), Reichsbeamtengesetz (§ 20), Konsulargerichtsgesetz (§ 47), Kabelpfandgesetz, Reichsgesetz v. 8. Juni 1915 (Änderung des § 21 KO.), VO. v. 14. Februar 1924 (Goldmarkrechnung im Konkurs), Reichsgesetz v. 25. März 1930 über die Pflicht zum Antrag auf Eröffnung des Konkurses oder des gerichtlichen Vergleichsverfahrens, Reichsgesetz v. 30. März 1931 zur Änderung des Gesetzes über die privaten Versicherungsunternehmungen.

[10]) So die landesrechtlichen Vorschriften über eheliches Güterrecht u. über den Konkurs öffentlicher Rechtssubjekte (vgl. EG. v. 1898 Art. IV); über Lehns-, Stammgut-, Fideikommißgüter (EG. v. 1877 § 5).

d) Kommentare:
E. Jaeger, 6. Aufl. 1931; Franz Mentzel, 3. Aufl. 1928; Petersen-Kleinfeller, 4. Aufl. 1901; v. Sarwey-Bossert, 4. Aufl. 1901; v. Wilmowski-Kurlbaum, 6. Aufl. 1906; Th. Wolf, 2. Aufl. 1921.

e) Kleinere Handausgaben:
Harburger, 2. Aufl. 1906; Hullmann 1879; Meißner 1881; Meyer u. Bleyer, 3. Aufl. 1928; Mewes 1881; Normann 1926; Stieglitz 1879; Sydow, Busch, 15. Aufl. 1929; v. Völderndorff, 2. Aufl. 1885; Warneyer, 2. Aufl. 1930; Wengler 1879; Willenbücher-Günther, 3. Aufl. 1909; Winter 1911; Wolf, 2. Aufl. 1923.

f) Zeitschriften:
Zeitschrift für deutschen Zivilprozeß; Zeitschrift für das gesamte Handelsrecht; Leipziger Zeitschrift für Deutsches Recht; Zeitschrift für das gesamte Handels- u. Konkursrecht (hrsg. v. v. Gierke); Rheinische Zeitschrift; Juristische Wochenschrift; Deutsche Juristen-Zeitung; Gruchots Beiträge zur Erläuterung des Deutschen Rechts; Jherings Jahrbücher; Archiv für d. zivilistische Praxis; Konkurs- u. Treuhandwesen (unter Mitwirkung von E. Jaeger, hrsg. v. Levy); Das Recht (hrsg. v. Soergel u. a.).

g) Statistik:
Einen Einblick in die tatsächlichen Verhältnisse (Zahl, Dauer der Konkurse, Art der Beendigung usw.) bietet die Konkursstatistik, die einen Bestandteil der Reichsjustizstatistik bildet.

I. Abschnitt.

Geschichtlicher Überblick.

§ 1.

Römisches Recht.

1. Dem ältesten Römischen Recht war ein Konkurs in unserem Sinne — als der Befriedigung aus dem Vermögen des Gemeinschuldners — fremd. Die Gläubiger hielten sich nicht an das Vermögen, sondern an die Person des Schuldners, der ihnen mit Leib und Leben, Freiheit und Ehre haftete (Personalexekution). Die Vollstreckung erfolgte durch gerichtliche manus injectio mit der Wirkung, daß der Schuldner in die Schuldknechtschaft, d. h. in ein Sklavenverhältnis, geriet, ja verkauft und getötet werden konnte[1]). Mehrere Gläubiger konnten seinen Leib teilen. Mit der Person des Schuldners fiel mittelbar auch das Vermögen des Schuldners in die Macht der Gläubiger.

2. Eine Vollstreckung in das Vermögen gab — entgegen dem Zivilrecht — erst das prätorische Recht, das einen ungeheueren sozialen Fortschritt bedeutete[2]). Diese wurde bewirkt durch die missio in bona, die Besitzeinweisung in das Vermögen des Schuldners mit dem Ziele der Befriedigung der Gläubiger. Das Verfahren gliederte sich in folgende Abschnitte:

a) Eröffnet wurde das Verfahren durch einen Antrag der Gläubiger bei dem Prätor, der durch missio in bona die Gläubiger ermächtigte, sich in den Besitz des schuldnerischen Vermögens zu setzen.

b) Es folgt die proscriptio bonorum, die öffentliche Bekanntgabe der missio mit dem Zweck, daß andere Gläubiger sich anschließen können.

c) Den Schluß bildete die venditio bonorum, der Verkauf des Vermögens als eines Ganzen durch einen von den Gläubigern aus ihrer Mitte gewählten Magister (Masseverwalter). Der Ersteher (bonorum emtor) wurde Universalsukzessor des Gemeinschuldners und zahlte den Gläubigern als Kaufpreis einen bestimmten Bruchteil ihrer Forderungen.

An die Stelle der venditio bonorum trat später die dem praktischen Bedürfnis mehr entsprechende distractio bonorum, d. i. Einzelverkauf der Vermögensstücke des Schuldners durch einen vom Prätor bestellten Curator bonis distrahendis (Art Konkursverwalter). Aus dem Erlöse wurden die Gläubiger, soweit möglich, befriedigt.

3. Neben der Missio in bona, die einen Zwang gegen den Schuldner in sich schließt, kennt das spätere Römische Recht[3]) noch eine freiwillige Ab-

---

[1]) Legis actio per manus injectionem. Die Lex Poetelia (313 v. Chr.) beseitigte das Verkaufs- u. Tötungsrecht.

[2]) Zu vgl. Gaius Inst. 4, 35.

[3]) Lex Julia (anfangs dei Kaiserzeit).

tretung des Vermögens des Gemeinschuldners an seine Gläubiger (cessio bonorum). Die Gläubiger erhielten das Vermögen des Schuldners an Zahlungs Statt und befriedigten sich daraus. Die cessio bonorum bot dem Schuldner zwei Vorteile:

a) Er vermied die Infamie, die sowohl bei der alten Personalexekution wie bei der missio in bona eintrat;
b) Er erwarb das beneficium competentiae, die Rechtswohltat des Notbedarfs, der ihm belassen werden mußte.

§ 2.
Mittelalterlich-italienisches Recht.

1. Das Konkursrecht wurde weiter ausgebildet in den oberitalienischen Handelsstädten (Genua, Venedig, Florenz, Pavia, Pisa usw.) zur Zeit der Glossatoren und Postglossatoren. Entwickelt wurde der Grundsatz der gleichmäßigen Befriedigung aller Gläubiger aus dem Vermögen des Gemeinschuldners (Konkursprinzip, im Gegensatz zum Präventions-, Prioritätsprinzip). Nur einzelne Gläubiger waren bevorrechtet (so: Öffentliche Kassen, Ehefrau, Mündel, Gesinde).

2. Das Verfahren gliederte sich in seinen Grundzügen wie folgt:

a) Der Schuldner wird auf Antrag der Gläubiger geladen. Erscheint er nicht, so erhalten die Gläubiger die custodia des Schuldnervermögens (primum decretum) und später die possessio (secundum decretum). Bei unverschuldeter Zahlungsunfähigkeit kann der Gemeinschuldner das Verfahren auch durch cessio bonorum betreiben.
b) Das Decretum wird veröffentlicht (proclama, crida), damit sich weitere Gläubiger an dem Verfahren beteiligen können.
c) Ein curator bonorum (syndicus usw.) verwertet die Masse durch Verkauf (venditio). Aus dem Erlöse werden die Gläubiger befriedigt. Statt des Verkaufs kam auch die datio in solutum vor, die Hingabe von Vermögensstücken an Zahlungs Statt.

Auch ein Vergleich des Gemeinschuldners mit seinen Gläubigern (concordat)[1]) ist schon bekannt.

§ 3.
Das ältere Deutsche Recht.

1. Wie im Römischen Recht finden wir im älteren Deutschen Recht[2]), was das Konkursrecht anlangt, einen primitiven Rechtszustand. Auch hier herrschte das Präventionsprinzip. Wer zuerst zugriff (pfändete, frondete, besetzte), hatte den Vorzug. Eine Beschlagnahme des gesamten Vermögens des Schuldners kannte man nur in vereinzelten Fällen (bei Flucht des Schuldners und Tod bei überschuldetem Nachlaß).

2. Das Konkursprinzip (Befriedigung der Gläubiger pro rata) gelangte erst später[3]) aus dem italienischen Recht in die Rechte der größeren Handelsstädte Deutschlands (Nürnberg, Augsburg, Frankfurt a. M., Hamburg, Lübeck, Soest usw.), aber nur zugunsten der Gläubiger, die das Verfahren betrieben[4]).

Vereinzelt finden sich auch Vorschriften über datio in solutum und über Vergleich.

---

1) Vorläufer des Zwangsvergleichs u. Vergleichs.
2) Dem Recht vor Rezeption des Röm. Rechts.
3) Im 13.—16. Jahrh.
4) Vgl. z. B. Nürnberger Reformation 1484.

§ 4.
Der gemeinrechtliche Konkurs.

1. Die Ausbildung des gemeinrechtlichen Konkurses ist stark beeinflußt durch das Spanische Recht. Dieses verdankt seine Bedeutung Salgado de Samoza, der das Konkursrecht in seinem berühmten Buche „Labyrinthus creditorum“ (1645) systematisch, aber auch bürokratisch-pedantisch bearbeitet hat[1].

2. Der gemeinrechtliche Konkurs gliederte sich in seinen Grundzügen wie folgt:

a) Konkursgrund ist Überschuldung[2].

b) Der Konkurs wurde entweder auf Antrag der Gläubiger oder des Gemeinschuldners eröffnet, aber auch von Amts wegen.

c) Das Verwalteramt war doppelt besetzt. Ein Konkurskurator verwaltet und verwertet die Masse, ein Kontradiktor hat sich auf die angemeldeten Forderungen zu erklären und führt ihretwegen Prozesse. Beide Konkursbeamte waren Hilfsorgane des Konkursgerichts.

d) Das Verfahren zerfiel in fünf Abschnitte: Eröffnungs- oder präparatorisches Verfahren mit decretum de aperiundo concursu; Liquidationsverfahren, d. h. die Gläubiger hatten ihre Ansprüche bis zum Prüfungs- (Professions-) termin anzumelden[3]; Prioritätsverfahren mit Prioritäts-(Lokations- oder Klassifikations-)urteil, das die Reihenfolge der anerkannten Forderungen feststellte; Realisationsverfahren, d. h. Verwaltung und Verwertung der Masse[4]; Distributionsverfahren mit Distributionsbescheid, der die auf die einzelnen Forderungen entfallenden Beträge aus dem Erlöse bestimmte[5].

e) Vorweg (ante omnes) zu befriedigen waren die Massegläubiger, d. h. Gläubiger, die Ansprüche gegen die Masse als solche haben, ferner die sog. Vindikanten, die aus der tatsächlich vorhandenen Masse dem Gemeinschuldner nichtgehörende Vermögensstücke herausfordern können[6], sowie die sog. Separatisten, die Befriedigung aus einzelnen Massegegenständen oder Vermögensteilen der Masse verlangen können[7].

f) Es folgen die eigentlichen Konkursgläubiger (Liquidanten) in fünf Rangstufen: Absolute Privilegien (Konkurskosten, Begräbniskosten usw.); privilegierte Pfandrechte (z. B. Ansprüche öffentlicher

---

[1]) Das Konkursgericht erhält überwiegende Bedeutung. Die sog. vis attractiva concursus zieht alle Gläubiger des Gemeinschuldners (auch Vindikanten u. Separatisten) in das Verfahren hinein.

[2]) Im heutigen Konkursrecht Zahlungsunfähigkeit und nur in Ausnahmefällen Überschuldung.

[3]) Nichtangemeldete Forderungen werden durch Präklusionsdekret (sententia praeclusoria) ausgeschlossen.

[4]) Dazu gehört auch die Anfechtung von Rechtshandlungen des Gemeinschuldners mit dem Zweck einer Vermehrung der Masse.

[5]) Abschlags- u. Nachtragsverteilungen waren dem gemeinrechtl. Konkurse fremd.

[6]) Nicht nur mit der rei vindicatio, sondern auch auf Grund eines anderen dinglichen Rechts oder obligatorischen Anspruchs, wie Depositum, Kommodat, Miete, Pacht usw.

[7]) Vindikanten sind unsere Aussonderungsberechtigten; Separatisten unsere Absonderungsberechtigten, wozu aber auch die Pfandgläubiger gehören.

Kassen, der Ehegatten, Kinder); einfache Pfandrechte; privilegierte Gläubiger (z. B. Lidlohn) und einfache Gläubiger (sog. Chirographarier).

3. Das gemeinrechtliche Verfahren war, weil zu gründlich, schwerfällig, kostspielig und dem wahren Bedürfnis des Lebens nicht gewachsen. Dieses Verfahren war in Deutschland bis 1. Oktober 1879 in Geltung mit Ausnahme der Länder, die neuere landesrechtliche Konkursordnungen eingeführt hatten.

§ 5.
Partikularrechtliche Reformgesetze.

1. Französisches Recht.

a) In der Rheinprovinz galt bis zum 1. Oktober 1879 das französische Konkursrecht, das in mehrfacher Beziehung Verbesserungen im Sinne einer lebenserfahrenen Gestaltung des Verfahrens brachte. Das französische Konkursverfahren (Fallitverfahren) beruht auf den code de commerce Napoleons von 1807[1]), ergänzt durch Gesetze vom 28. Mai 1838 und 17. Juli 1856[2]). Allerdings war hier — im Gegensatz zum heutigen Recht — der Konkurs auf Kaufleute beschränkt (Sonderrecht kaufmännischer Schuldner).

b) Konkursgericht ist das Handelsgericht, jedoch liegt die Durchführung des Konkurses in der Hand eines vom Gericht bestellten Einzelrichters (Richterkommissars)[3]). Die Aufgaben des Konkursverwalters hat ein syndic (Syndikus), der von den Gläubigern gewählt wird. Die Gläubiger haben einen wesentlichen Einfluß auf das Verfahren. Die Forderungen werden vom syndic unter Mitwirkung des Richterkommissars festgestellt. Nur über bestrittene Forderungen wird vom Handelsgericht entschieden. Aus- und Absonderungsrechte sind außerhalb des Konkurses geltend zu machen[4]).

c) Das Verfahren ist beweglicher. Es wird vom Handelsgericht eröffnet. Die Gläubiger werden befriedigt, sobald Mittel verfügbar werden. Abschlagszahlungen sind möglich. Zugelassen ist auch der Zwangsvergleich (concordat). Auch eine Art cessio bonorum ist bekannt (concordat par abandon de l'actif).

2. Die sonstigen deutschen Partikularrechte, insbesondere das Preußische Recht.

a) In den einzelnen deutschen Ländern entstanden unter französischem Einfluß Reformgesetze. So in Bayern[5]), Baden[6]), Hannover[7]), Nassau[8]).

b) Wichtig und bahnbrechend war die Preußische Konkursordnung vom 8. Mai 1855. Hervorzuheben sind folgende Neuerungen: Verminderung der Vorrechte; Verweisung der Feststellung bestrittener Forderungen in das ordentliche Verfahren; nachträgliche Beteiligung von Gläubigern ist möglich[9]); Verteilung, sobald die Masse flüssig

---

[1]) Buch III Art. 437—614.
[2]) Ältere Rechtsquelle ist die Ordonance de commerce von 1673.
[3]) Fallimentskommissar.
[4]) Dies entspricht dem heutigen Recht.
[5]) Bayerische Prozeßordnung v. 1869 (Art. 1173—1318), Buch 5 „Gant".
[6]) Badische Prozeßordnung v. 1864.
[7]) Hannov. Bürgerl. Prozeßordnung v. 1850 u. Ges. v. 14. Dezember 1864.
[8]) Nassau. Konkursordnung v. 1859.
[9]) Keine rechtliche, sondern nur tatsächliche Präklusion.

wird; Zulassung des Konkurses auch für Nichtkaufleute (sog. „gemeiner“ Konkurs)[10]).

c) Auf den Schultern der Preußischen Konkursordnung, die bis 1. Oktober 1879 galt, steht die Reichskonkursordnung vom 10. Februar 1877, eines der besten Deutschen Reichsgesetze[11]), das anläßlich des Inkrafttretens des BGB. durch Gesetz vom 17. Mai 1898 mit diesem in Übereinstimmung gebracht worden ist.

II. Abschnitt.

Konkursrecht.

§ 6.

Die Konkurseröffnung.

A. Voraussetzungen: Die Konkurseröffnung setzt voraus: Zahlungsunfähigkeit[1]), in gewissen Fällen Überschuldung[2]).

1. Zahlungsunfähigkeit ist die allgemein[3]) vorliegende (voraussichtlich dauernde) Unfähigkeit, die Mittel zur Tilgung fälliger Geldschulden herbeizuschaffen. Überschuldung allein genügt nicht. Leitender Gedanke ist: Steht hinter einem — wenn auch überschuldeten — Vermögen die werbende Arbeitskraft des Schuldners, so soll er in seinem Weiterkommen nicht gehindert werden[4]). Auch eine bloße Zahlungsstockung ist als vorübergehender Zustand nicht Zahlungsunfähigkeit.

Äußeres Zeichen (Symptom, Indiz) der Zahlungsunfähigkeit ist nach dem Gesetz[5]) die Zahlungseinstellung, d. h. Nichtbefriedigung geforderter fälliger Geldschulden. Außer der Zahlungseinstellung kommen noch andere äußere Anzeichen der Zahlungsunfähigkeit vor, z. B. Schließung des Geschäfts, fruchtlose Pfändungen und Arreste, Flucht, auch ausdrückliche Erklärung usw.

2. Überschuldung, d. h. Überwiegen der Passiva über die Aktiva, ist alleiniger Konkursgrund beim Nachlaßkonkurs (§ 215); Zahlungsunfähigkeit oder Überschuldung[6]) bei Gesellschaften, Genossenschaften usw. mit kapitalistischer Grundlage[7]), ferner bei nicht rechtsfähigen Vereinen[8]) usw.

---

[10]) Beseitigt ist auch die vis attractiva concursus.

[11]) Die Reichskonkursordnung beruht auf einem Entwurf einer „Gemeinschuldordnung“, die im Preuß. Justizministerium ausgearbeitet worden ist.

[1]) KO. § 102 Abs. 1.

[2]) KO. §§ 207, 209, 213, 215, 236.

[3]) Zahlungen im Einzelfall (z. B. der Straßenbahn, der Zeitung usw.) schließen Zahlungsunfähigkeit nicht aus.

[4]) Anders bei rein kapitalistischen Gesellschaften, Nachlaß usw.

[5]) KO. § 102 Abs. 2.

[6]) Beides; jedes für sich.

[7]) Akt.-Ges., Akt.-Kom.-Ges., G. m. b. H., Genossenschaften i. Liquidation usw.

[8]) KO. § 213.

3. Weitere — z. T. selbstverständliche — Voraussetzungen sind: Konkursfähigkeit[9]), deutsche Gerichtsbarkeit[10]). Nicht vorausgesetzt wird eine Mehrheit konkurrierender Gläubiger, die KO. kennt diese Voraussetzung nicht. Ist nicht genügend verteilbares Vermögen vorhanden, um wenigstens die Kosten des Verfahrens zu decken, so sieht § 107 KO. die Abweisung des Eröffnungsantrags vor.

B. Wirkungen.

1. Gegenüber dem Gemeinschuldner. Er verliert mit der Konkurseröffnung die Befugnis, sein zur Konkursmasse gehörendes Vermögen zu verwalten und über es zu verfügen. Diese Rechte gehen auf den Konkursverwalter über[11]). Der Gemeinschuldner wird nicht rechtsunfähig, auch nicht prozeßunfähig, nicht geschäftsunfähig, vielmehr nur dispositionsunfähig in Ansehung der Konkursmasse. Er verliert auch nicht sein Eigentum, denn § 6 KO. spricht von **„seinem"** zur Konkursmasse gehörigen Vermögen. Er bleibt verfügungsfähig bezüglich des nicht dem Konkurse unterliegenden Vermögens, insbesondere kann er über seine Arbeitskraft verfügen, sich auch sonst verpflichten[12]). Die nach der Konkurseröffnung vom Gemeinschuldner vorgenommenen Rechtshandlungen sind gegenüber den Konkursgläubigern unwirksam[13]). Erbschaften und Vermächtnisse, die dem Gemeinschuldner vor der Konkurseröffnung angefallen, aber von ihm noch nicht angenommen sind, kann der Gemeinschuldner (als persönliche Rechte) ausschlagen[14]).

Ferner hat die Konkurseröffnung gewisse familienrechtliche Wirkungen. So beendet der Konkurs des Ehemanns den gesetzlichen Güterstand und der Errungenschaftsgemeinschaft[15]); der Konkurs eines Elternteils beendet die elterliche Vermögensverwaltung am Kindesvermögen[16]); der Konkurs macht untauglich zum Vormund, Pfleger, Familienratsmitglied[17]).

Endlich wirkt die Konkurseröffnung auch auf eine Reihe staatsbürgerlicher und sonstiger Rechte ein. So kann der Gemeinschuldner nicht sein: Schöffe, Geschworener, Handelsrichter[18]), nicht Beisitzer eines Arbeitsgerichts[19]), nicht Rechtsanwalt oder Patentanwalt[20]), nicht Beisitzer in der Sozialversicherung[21]), nicht Mitglied des Seeamts[22]), er darf nicht teilnehmen an Handwerkskammern, Innungsversammlungen[23]), nicht die Börse besuchen[24]). Die Landesrechte kennen weitere Einschränkungen staatsbürgerlicher Rechte. So z. B. das Preußische Recht bezüglich der Handelskammern und Landwirtschaftskammern.

---

[9]) Diese fehlt z. B. Reich, Ländern, Gemeinden (nach Landesrecht. Zu vgl. Art. IV E. Ges. v. 1898).

[10]) Wer der deutschen Gerichtsbarkeit nicht unterworfen ist (Exterritoriale), fällt auch nicht unter die KO.

[11]) KO. § 6.

[12]) Er bleibt deshalb auch wechselfähig.

[13]) Relativ unwirksam (KO. § 7). Ausnahmen bestehen zum Schutze des gutgläubigen Vertragsgegners u. des öffentlichen Glaubens des Grundbuchs (§§ 892, 893 BGB.).

[14]) KO. § 9.

[15]) BGB. §§ 1419, 1543, 1547.

[16]) BGB. §§ 1647, 1686.

[17]) BGB. §§ 1781, 1792, 1866, 1878, 1886, 1895, 1915.

[18]) GVG. §§ 32, 84, 109.

[19]) Arbeitsgerichtsges. § 21 Abs. 2.

[20]) RAO. §§ 5, 22, 43, Patent-AnwG. §§ 2, 6.

[21]) RVO. §§ 12, 47, 76, 92, 107.

[22]) RGes. v. 27. Juli 1877 § 10.

[23]) GewO. §§ 93a, 94b, 95a, 100c, 103b, 103i.

[24]) Börsenges. § 7.

2. Gegenüber den Gläubigern. Mit der Konkurseröffnung erhalten die Gläubiger das Recht, aus der Konkursmasse nach den Vorschriften der KO. befriedigt zu werden. Dies bedeutet jedoch nicht einen privatrechtlichen Konkursanspruch der Gläubiger, wie er vielfach zu bilden versucht wird. Einen solchen kennt die KO. nicht. Die Gläubiger erhalten auch nicht eine Art dinglichen Rechts an der Konkursmasse (sog. Beschlagsrecht, wie dies mehrfach angenommen wird)[25]. Sie werden auch nicht etwa Universalsukzessoren des Gemeinschuldners[26].

Die Gläubiger bilden keine Personengesamtheit, keine juristische Person (corpus creditorum), worauf die Bezeichnung „Gläubigerschaft" deuten könnte, auch keine Gesellschaft, sondern nur eine tatsächliche Gemeinschaft von Interessenten, deren Rechte auf Befriedigung durch die gleichen Rechte der anderen eingeschränkt werden.

§ 7.
Die Konkursmasse.

A. Umfang. Das Konkursverfahren umfaßt das gesamte einer Zwangsvollstreckung unterliegende Vermögen des Gemeinschuldners, das ihm zur Zeit der Konkurseröffnung gehört (Konkursmasse)[1]. Hieraus ergibt sich folgendes:

1. Da der Konkurs nur das Vermögen des Gemeinschuldners ergreift, so sind ausgeschlossen: seine Person (die Schuldknechtschaft ist beseitigt), seine Arbeitskraft, sein Name, seine Firma, seine ehelichen und elterlichen Rechte[2]. Dagegen gehört zum Vermögen alles, was Geldeswert hat. So Eigentum (auch Miteigentum), Besitz, dingliche Rechte (z. B. Hypotheken), obligatorische Rechte, Urheberrechte, auch bedingte Rechte.

2. Da der Konkurs nur das Vermögen des Gemeinschuldners ergreift, so sind die Vermögensteile, die dem Gemeinschuldner nicht gehören, aus der Konkursmasse auszuscheiden (Aussonderung)[3]. Im übrigen ergreift der Konkurs in der Regel das gesamte Vermögen des Gemeinschuldners. Ein Konkurs über gewisse Teile des gemeinschuldnerischen Vermögens (Sonderkonkurs) ist nur in Ausnahmefällen zugelassen[4].

3. Von dem Vermögen des Gemeinschuldners fällt ferner nicht in die Konkursmasse das Vermögen, das der Zwangsvollstreckung nicht unterliegt. Dies gilt nicht nur für körperliche Sachen[5], sondern auch für Forderungen[6] (z. B. beschränkte persönliche Dienstbarkeit, persönliches Vorkaufsrecht).

4. Der Konkurs ergreift ferner nur dasjenige Vermögen des Gemeinschuldners, welches ihm zur Zeit der Konkurseröffnung gehört. Danach fällt nicht

---

[25]) So Kohler, Seuffert, Hellmann usw.

[26]) Der Gemeinschuldner bleibt Eigentümer der Masse. Daher kann auch von einer datio in solutum keine Rede sein.

[1]) KO. § 1 Abs. 1.

[2]) Über gewisse Ausnahmen siehe oben S. 154 zu B 1 Abs. 2.

[3]) Zu vgl. unten S. 156 zu B.

[4]) Sonderkonkurse kennt die KO. gegenüber
einem Nachlaß,
dem Gesamtgut bei fortgesetzter Gütergemeinschaft,
dem Vermögen einer offenen Handelsges., Kom.-Ges. u. Akt.-Kom.-Ges.

[5]) ZPO. §§ 811, 812. Gewisse der Einzelpfändung nicht unterliegende Sachen können im Konkurs von den Gläubigern in Anspruch genommen werden (KO. § 1 Abs. 2).

[6]) Zu vgl. z. B. ZPO. §§ 850, 851, 857 Abs. 3, 859—863, die Vorschriften der sozialen Versicherungsgesetze über unpfändbare Versicherungsansprüche, die Vorschriften über Lohnbeschlagnahme usw.

in die Konkursmasse der sog. Neuerwerb, d. h. was der Gemeinschuldner während der Dauer des Konkurses erwirbt[7]).

5. Etwas Besonderes gilt vom ehelichen Güterrecht (KO. § 2).

Bei den Gütergemeinschaften (allgemeine Gütergemeinschaft, Errungenschaftsgemeinschaft und Fahrnisgemeinschaft)[8]) umfaßt, wenn der Mann in Konkurs gerät, die Konkursmasse auch das ganze Gesamtgut (d. h. auch den Anteil der Frau). Gerät die Frau in Konkurs, so fällt nur das Vorbehaltsgut und das Eingebrachte in die Konkursmasse, nicht der Anteil der Frau am Gesamtgut, da dieser der Pfändung entzogen ist[9]). Diese Grundsätze gelten entsprechend für die fortgesetzte Gütergemeinschaft[10]).

Bei dem gesetzlichen Güterstand der Verwaltung und Nutznießung[11]) gehört, wenn der Mann in Konkurs gerät, nur sein Vermögen, dagegen nicht Vorbehaltsgut und Eingebrachtes der Frau, zur Konkursmasse, auch nicht das Recht des Mannes am Einbringen der Frau[12]). Gerät die Frau in Konkurs, so haftet den Vorbehaltsgläubigern nur das Vorbehaltsgut, während den Vollgläubigern auch das Eingebrachte haftet[13]).

Bei dem System der Gütertrennung[14]) bleiben die Vermögensmassen beider Ehegatten auch für den Konkurs grundsätzlich gesondert.

B. Aussonderung (separatio ex jure dominii). Unter Aussonderung versteht man das Ausscheiden fremden Vermögens aus dem tatsächlich vorgefundenen Vermögen des Gemeinschuldners (der Istmasse, im Gegensatz zur Sollmasse). Die Aussonderung ist außerhalb des Konkurses zu bewirken (KO. § 43)[15]). Für die Aussonderung gelten folgende Grundsätze:

1. Der Anspruch auf Aussonderung beruht nicht nur auf einem dinglichen Recht (Eigentum, auch Teileigentum, Nießbrauch oder einem sonstigen dinglichen Recht)[16]), sondern auch auf einem obligatorischen — auf Herausgabe eines massefremden Gegenstandes, aus der Masse gerichteten — Recht, wie Depositum, Commodatum, Precarium[17]).

2. Gegenstand der Aussonderung sind nicht nur körperliche Sachen, sondern auch Forderungen und sonstige Vermögensgegenstände (z. B. dingliche Rechte, wie Nießbrauch, Besitz, Hypotheken, Grundschulden, Erfinder- und Urheberrechte usw.).

Besonders bedeutungsvoll sind die sog. Treuhandsverhältnisse (fiduziarischen Rechtsgeschäfte). Fälle sind z. B. Zession einer Forderung oder Indossierung eines Wechsels zum Inkasso. In solchen Fällen ist das Rechtsverhältnis nicht vom formal-juristischen, sondern vom materiell-ökonomischen Standpunkt aus zu bewerten. Obwohl der Gemeinschuldner formell Eigentümer

---

[7]) Der Neuerwerb ist während der Dauer des K. auch der Einzelvollstreckung der Konkursgläubiger (nicht aber den neuen Gläubigern) entzogen. KO. § 14.

[8]) Zu vgl. BGB. §§ 1492ff., 1549.

[9]) Zu vgl. ZPO. § 860 Abs. 1.

[10]) KO. § 2 Abs. 3. An die Stelle des Mannes treten hier der überlebende Ehegatte, an die Stelle der Frau die Abkömmlinge.

[11]) Zu vgl. BGB. §§ 1363ff.

[12]) Weil nicht der Pfändung unterworfen. ZPO. § 861.

[13]) Näheres BGB. § 1411, RG. 73, 239ff.

[14]) BGB. §§ 1426—1431.

[15]) Gibt der Konkursverwalter die fremde Sache aus der Konkursmasse nicht frei, so ist die Aussonderungsklage gegen ihn, nicht gegen den Gemeinschuldner zu richten.

[16]) Klage: Rei vindicatio, A° publiciana, A° confessoria, hereditatis petitio. Der gemeinrechtliche Ausdruck Vindikanten ist zu eng.

[17]) Der Anspruch muß auf ein Herausgeben (restituere) gerichtet sein, nicht auf ein tradere, z. B. die Verschaffung einer aus der Konkursmasse gekauften Sache.

oder Berechtigter wird, so gehört doch vom materiell-rechtlichen Standpunkt der Gegenstand nicht zu seinem Vermögen. Der Treugeber hat daher ein Aussonderungsrecht[18]).

Zu den fiduziarischen Rechtsgeschäften gehört auch die Sicherungsübereignung. Hat ein Gläubiger dem Gemeinschuldner zur Sicherheit Gegenstände übereignet, so hat er ein Aussonderungsrecht, wenn er wegen der gesicherten Forderung Befriedigung erhalten hat[19]). Hat dagegen der Gemeinschuldner seinem Gläubiger einen Gegenstand zur Sicherheit für eine Schuld übereignet, sich aber auf Grund eines besonderen Rechtsverhältnisses den Besitz vorbehalten (Besitzkonstitut)[20]), so hat der Gläubiger kein Aussonderungsrecht, sondern nur ein Absonderungsrecht[21])[22]).

Der Eigentumsvorbehalt des Verkäufers an einer dem Gemeinschuldner übergebenen Sache begründet ein Aussonderungsrecht, wenn der Kaufpreis nicht voll bezahlt wird.

4. Für die Aussonderung gelten ferner folgende Sondervorschriften:

a) Der Kreis der Aussonderungsgegenstände ist erweitert durch das sog. Verfolgungsrecht des Verkäufers (droit de suite, right of stoppage in transitu)[23]). Danach kann der Verkäufer Waren, die er von einem anderen Orte[24]) vor der Konkurseröffnung an den Gemeinschuldner abgesendet, von diesem aber nicht vollständig bezahlt sind, aus der Konkursmasse zurückfordern, sofern die Waren z. Z. der Konkurseröffnung am Ablieferungsort noch nicht angekommen sind oder — wenn doch angekommen — noch nicht in den Gewahrsam des Gemeinschuldners gelangt sind[25]). Dies gilt auch dann, wenn das Eigentum an den Waren vermittels sog. Traditions-(Dispositions-)papiere — wie Ladeschein, Lagerschein, Konnossement — auf den Empfangsberechtigten — d. h. den jetzigen Gemeinschuldner — bereits übergegangen ist[26]).

Dem Verkäufer ist der Einkaufskommissionär[27]) gleichgestellt (KO. § 44).

b) Etwas Besonderes gilt für die Ehefrau des Gemeinschuldners (Aussonderungsrecht der Ehefrau). Die Ehefrau des Gemeinschuldners kann Gegenstände, die sie während der Ehe erworben hat, nur dann aussondern, wenn sie den Nachweis erbringt, daß die

---

18) So RG. in zahlreichen Entscheidungen, z. B. 35, 79; 45, 80; 53, 417; 55, 391; 79, 121; 84, 217; 91, 12, 280; 94, 307.

19) RG. 91, 280; 92, 281.

20) BGB. § 868.

21) So RG. 24, 45; 91, 14, 280; 118, 209.

22) Ist die Eigentumsübertragung u. das Besitzkonstitut nicht ernstlich gemeint, so ist das Geschäft als Scheingeschäft nichtig (BGB. § 117).

Zum Schutze der Gläubiger wird vielfach die Registrierung von Sicherheitsübereignungen bei Strafe der Nichtigkeit verlangt, um Scheinverträge u. Vordatierungen zu verhindern oder zu erschweren.

23) Die Vorschrift dient dem Schutze des unbezahlten Verkäufers. Die Einrichtung entstammt dem englischen Recht.

Lit.: K. Siegert, Ztschr. f. d. ges. Handels- u. Konkursrecht, Bd. 88 S. 277ff.

24) Distanzkauf (Gegensatz: Platzkauf).

25) KO. § 44.

26) Das Verfolgungsrecht ist ein für die Sicherheit des Handels unentbehrliches Rechtsinstitut, das seine Rechtsgrundlage unmittelbar im Gesetze findet. (Die rechtliche Natur dieses Rechts ist bestritten.) Dingliche oder persönliche Wirkung? M. E. handelt es sich um einen persönlichen Anspruch auf Rückübertragung des Eigentums.

27) Zu vgl. HGB. § 383.

Gegenstände nicht mit Mitteln des Gemeinschuldners erworben sind[28]). Hierin liegt eine Einschränkung des Absonderungsrechts zuungunsten der Ehefrau[29]), denn die Vorschrift hat Gegenstände im Auge, die der Ehefrau nach bürgerlichem Recht gehören, bezüglich derer sie also an sich aussonderungsberechtigt sein würde[30]). Diese konkursrechtliche Einschränkung besteht nicht für Gegenstände, die die Frau vor Eingehung der Ehe erworben hat.

c) Eine weitere Ausnahme, wonach ein an sich zur Konkursmasse gehöriger Gegenstand ausgesondert werden kann, enthält § 392 HGB. Es ist das Aussonderungsrecht des Verkaufskommittenten. Hat der Kommissionär das ihm vom Kommittenten zum Verkauf übergebene Kommissionsgut veräußert, so gehört die Kaufpreisforderung im Konkurse des Kommissionärs, der im eigenen Namen veräußert hat, an sich zur Konkursmasse. Jedoch kann der Kommittent die Aussonderung[31]) der noch ausstehenden Forderung verlangen, weil diese Forderung nach § 392 Abs. 2 HGB. bereits als Forderung des Kommittenten gilt, auch wenn sie noch nicht abgetreten ist.

d) Ersatz-(Surrogat-)aussonderung. Hat der Gemeinschuldner (vor der Konkurseröffnung) oder der Konkursverwalter (nach der Konkurseröffnung) einen Aussonderungsgegenstand veräußert, so kann der Aussonderungsberechtigte an Stelle des Entzogenen die Abtretung des Rechts auf die Gegenleistung, soweit diese noch aussteht, oder die Gegenleistung selbst aus der Masse beanspruchen, soweit sie nach der Konkurseröffnung zu ihr eingezogen ist (KO. § 46)[32]).

C. Absonderung (jus separationis ex jure crediti). Absonderungsrecht ist das Recht, für eine Forderung aus einem Bestandteile der Konkursmasse abgesondert (d. h. selbständig und unabhängig vom Konkurs vor den Konkursgläubigern, auch den bevorrechtigten Konkursgläubigern) befriedigt zu werden. Die Absonderung unterscheidet sich von der Aussonderung dadurch, daß der Gegenstand, aus dem eine abgesonderte Befriedigung verlangt werden kann, zur Konkursmasse gehört, der Gegenstand der Aussonderung dagegen nicht[33]).

Die abgesonderte Befriedigung bildet nicht einen Teil des Konkursverfahrens, sondern erfolgt außerhalb des Konkurses (gerichtlich oder außergerichtlich)[34]). Die Ansprüche auf Aussonderung sind jedoch gegen den Konkursverwalter geltend zu machen.

Der Überschuß nach Befriedigung der Absonderungsberechtigten verbleibt der Konkursmasse. Zur Vermeidung einer Verzögerung der Absonderung hat

---

[28]) KO. § 45.

[29]) Diese — de lege ferenda — kaum noch zu billigende Vorschrift behandelt die Ehefrau präsumtivverdächtig.

Zu beachten ist ferner § 1362 BGB., wonach zugunsten der Gläubiger des Mannes vermutet wird, daß die im Besitze eines der Ehegatten oder beider Ehegatten befindlichen beweglichen Sachen dem Manne gehören. (Diese Vorschrift enthält sehr altes Recht. Praesumtio Muciana.)

[30]) Dies gilt sogar für die zu ihrem persönlichen Gebrauch bestimmten Sachen (Kleider, Schmuckstücke), obwohl nach § 1362 BGB. vermutet wird, daß diese Sachen ihr gehören.

[31]) D. h. Abtretung.

[32]) Beispiel: Hat eine Person ein Schmuckstück bei dem Gemeinschuldner hinterlegt und letzterer hat dieses für 1000 RM. verkauft, so hat der Hinterleger Anspruch auf Abtretung der Forderung auf 1000 RM.

[33]) KO. §§ 4, 47—52, 221.

[34]) Im Gegensatz zum gemeinen Konkursrecht. KO. § 4 Abs. 2.

der Konkursverwalter das Recht, seinerseits die Verwertung des Aussonderungsgegenstandes zu betreiben (gerichtlich oder außergerichtlich). Der Gläubiger kann einer solchen Verwertung nicht widersprechen, vielmehr seine Rechte nur an dem Erlös geltend machen[35]).

Der Kreis der Absonderungsrechte im Gesetz bestimmt[36]). Absonderungsberechtigt sind:.

1. Personen, denen ein Recht auf Befriedigung aus einem Grundstück oder gleichstehendem Recht (z. B. Erbbaurecht, Bergwerkseigentum)[37]) zusteht (KO. § 47). Hierher gehören Hypothekarier, Inhaber einer Grundschuld, Rentenschuld[38]), Reallast[39]), persönliche Gläubiger, die ein Grundstück zur Zwangsversteigerung oder Zwangsverwaltung beschlagnahmt haben[40]) (sog. Immobiliarabsonderung).

2. Pfandgläubiger, d. h. Gläubiger, die an einem zum beweglichen Vermögen der Konkursmasse gehörenden Gegenstande (Mobiliar oder Mobiliarrechten) ein Pfandrecht haben, sei es

a) ein Vertragspfand (Faustpfand)[41]) — KO. § 48 — oder
b) ein Pfändungspfand (durch gerichtliche Pfändung, Pfändung im Verwaltungswege, auch Privatpfändung)[42]) oder
c) ein gesetzliches Pfandrecht (wie das Pfandrecht des Vermieters und Verpächters[43]), des Gastwirts[44]), des Werkunternehmers[45]), des Sicherungsberechtigten bei Hinterlegung zur Sicherheit[46]), die kaufmännischen gesetzlichen Pfandrechte — des Kommissionärs, Spediteurs, Lagerhalters, Frachtführers, Verfrachters[47]), Bodmereigläubigers[48]) usw.)

Den Pfandgläubigern stehen ferner gleich Reichskasse, Staatskasse, Gemeinden usw. wegen öffentlicher Abgaben in Ansehung der zurückgehaltenen oder in Beschlag genommenen zoll- und steuerpflichtigen Sachen[49]). Diese Gläubiger haben den Vorrang vor allen anderen Absonderungsberechtigten (KO. § 49 Abs. 2).

3. Personen, die einen Ersatzanspruch wegen nützlicher Verwendungen haben, die sie auf einen Massegegenstand vor dem Konkurs gemacht haben, in Ansehung der zurückbehaltenen Sache und nur soweit die Wertsteigerung reicht[50]). Sog. Retentionsabsonderung (KO. § 49 Abs. 1 Nr. 3).

---

[35]) Sog. Betreibungsrecht des Konkursverwalters. KO. § 127.
[36]) Zu beachten das Wort „nur" im § 4 Abs. 1 KO.; aber auch durch besondere Reichsgesetze kann ein Absonderungsrecht bestimmt werden (z. B. Vers.-Vertr.-Ges. § 159).
[37]) ZVG. § 10.
[38]) BGB. §§ 1113, 1191, 1199.
[39]) BGB. § 1105.
[40]) ZVG. § 10 Nr. 5, 162; KO. § 13.
[41]) BGB. §§ 1205, 1206, 1260, 1274, 1280; HGB. §§ 424, 450, 647.
[42]) EG.BGB. § 89.
[43]) BGB. §§ 559, 581, 585, 590. Zu vgl. jedoch KO. § 49 Abs. 1 Nr. 2.
[44]) BGB. § 704.
[45]) BGB. § 647.
[46]) BGB. § 232, 233.
[47]) HGB. §§ 397, 410, 421, 440, 623, 627, 674.
[48]) HGB. §§ 679, 691, 759.
[49]) KO. § 49 Abs. 1 Nr. 1.
[50]) Voraussetzung ist ein Zurückbehaltungsrecht. Zu vgl. BGB. § 1000. Fälle derartiger Verwendungsansprüche z. B. BGB. §§ 102, 292, 304, 347, 450, 500, 538, 547, 592, 601, 670, 675, 683, 693, 850, 972, 994, 1049, 1057, 1216, 2022, 2125.

Die Retentionsabsonderung steht auch einem Kaufmanne zu, der nach Handelsrecht ein allgemeines oder besonderes Zurückbehaltungsrecht besitzt[51]). Handelsrechtliches Zurückbehaltungsrecht (KO. § 49 Abs. 1 Nr. 4).

4. Personen, die mit dem Gemeinschuldner in einem Miteigentum, in einer Gesellschaft oder in einer anderen Gemeinschaft stehen[52]). Diese Personen können wegen der auf ein solches Verhältnis sich gründenden Forderungen[53]) abgesonderte Befriedigung aus dem bei der Teilung oder sonstigen Auseinandersetzung ermittelten Anteile des Gemeinschuldners[54]) verlangen (sog. Gemeinschaftsabsonderung), KO. § 51.

5. Außer den vorbezeichneten Fällen der Absonderung gibt es noch einige Sonderfälle eigener Art: Die sog. Haftpflichtabsonderung nach dem § 157 des Versicherungsvertragsgesetzes; die Absonderung bei Versicherung für fremde Rechnung nach den §§ 75—77 des Versicherungsvertragsgesetzes[55]).

6. Streitig ist die Rechtslage, wenn bei einem Vergleich zwischen Schuldner und seinen Gläubigern die Abrede getroffen ist, daß der Vergleich durch einen Treuhänder durchgeführt werden soll, und zu diesem Zwecke der Schuldner sein Vermögen (ganz oder teilweise) auf den Treuhänder zu fiduziarischem Eigentum übertragen hat. Haben dann die Gläubiger, falls vor Durchführung des Vergleichs der Konkurs eröffnet wird, an den dem Treuhänder übereigneten Vermögensstücken ein Absonderungsrecht? Antwort: Der Treuhänder kann das Treugut gegenüber dem Konkursverwalter zwar nicht aussondern, aber die Vergleichsgläubiger haben ein Absonderungsrecht an dem Treugut (so Mentzel, KO. S. 265ff.; Kiesow, Vergl.O. S. 181ff.).

D. Aufrechnung. Mit der Absonderung verwandt ist die Aufrechnung[56]) (Kompensation). Die Aufrechnung wirkt wie eine abgesonderte Befriedigung des Gläubigers aus seiner eigenen Schuld an die Konkursmasse[57]).

Soweit ein Konkursgläubiger zu einer Aufrechnung befugt ist, braucht er seine Forderung im Konkursverfahren nicht geltend zu machen[58]) (KO. § 53).

Schulden zwei Personen einander gleichartige Leistungen (z. B. Geld), so kann jeder Teil seine Forderung gegen die Forderung des anderen Teils aufrechnen, sobald er die ihm gebührende Leistung fordern und die ihm obliegende Leistung bewirken kann (BGB. § 387)[59]). Die Aufrechnung erfolgt durch Erklärung gegenüber dem anderen Teile[60]) (BGB. § 388), und zwar außerhalb des Konkursverfahrens (KO. § 53). Die Aufrechnung bewirkt, daß die Forderungen, soweit sie sich decken, als in dem Zeitpunkt erloschen gelten, in welchem sie zur Aufrechnung geeignet einander gegenüberstanden (BGB. § 389).

---

[51]) HGB. §§ 369—371.

[52]) Stille Gesellschaft gehört nicht hierher.

[53]) Z. B. wegen Verwendungen, Auslagen usw.

[54]) Zu vgl. KO. § 16.

[55]) Zu vgl. auch die Sondervorschrift des § 50 KO. (Erschleichung eines der KO. widerstreitenden Absonderungsrechts durch Abtretung einer Konkursforderung an den ausländischen Inhaber eines zur Konkursmasse gehörenden Gegenstandes, falls das ausländische Recht Absonderung gewährt, das deutsche Recht dagegen nicht).

[56]) KO. §§ 53—56.

[57]) Der Gläubiger braucht seine Schuld nicht voll zur Konkursmasse einzuzahlen u. sich für seine Forderung mit der Konkursdividende abfinden lassen; er rechnet vielmehr auf.

[58]) Er kann sich aber am Konkurse beteiligen. Dieses bedeutet keinen Verzicht auf die Aufrechnung. Für ihn gilt auch nicht die Beschränkung auf die Ausfallhaftung wie bei der Absonderung.

[59]) In gewissen Fällen ist die Aufrechnung kraft Gesetzes unstatthaft (z. B. BGB. §§ 393, 394, 656, 762, 764, GewO. § 118).

[60]) Nicht von selbst durch das bloße Gegenüberstehen der Forderungen.

Die Konkursordnung hat die Aufrechnung gegenüber den Vorschriften des bürgerlichen Rechts[61]) teils erweitert, teils beschränkt.

1. Erweitert, indem zugunsten der Konkursgläubiger die Aufrechnung auch mit ungleichartigen, nicht fälligen und bedingten Forderungen der Gläubiger des Gemeinschuldners gestattet ist.

Das bürgerliche Recht verlangt, daß beide Forderungen ihrem Gegenstande nach gleichartig sind[62]). Die KO. schreibt vor, daß Schulden, die nicht Geldschulden sind, in Geldschulden umgewandelt werden[63]), so daß eine Aufrechnung möglich ist.

Das bürgerliche Recht verlangt weiter, daß beide gegenüberstehenden Forderungen fällig sind[64]). Die KO. schreibt vor, daß betagte Forderungen als fällig gelten; eine betagte unverzinsliche Forderung des Gläubigers wird um den Zwischenzins gekürzt[65]).

Das bürgerliche Recht verlangt endlich, daß beide Forderungen nicht bedingt sein dürfen[66]). Die KO. läßt die Aufrechnung auch von bedingten Forderungen zu[67]). Forderungen unter auflösender Bedingung werden als unbedingte geltend gemacht (KO. § 66); Forderungen unter aufschiebender Bedingung berechtigen zu einer Sicherung, um dem Gläubiger die demnächstige Aufrechnung zu ermöglichen (KO. § 67).

2. Eingeschränkt wird die Aufrechnung in den Fällen des § 55 KO. Die Vorschriften des § 55 KO.[68]) verfolgen denselben Zweck wie § 15 KO. für die Absonderung. Sie begrenzen die Aufrechnung schärfer, um die Gleichbehandlung der Konkursgläubiger zu gewährleisten. Das Erfordernis des Gegenüberstehens der Forderungen (BGB. § 387) wird dadurch verschärft, daß gefordert wird, die Gegenseitigkeit müsse schon zur Zeit der Konkurseröffnung bestanden haben[69]), ja schon zu der Zeit des sog. materiellen Konkurses (als Anzeichen des drohenden Konkurses — Zahlungseinstellung, Konkursantrag — dem Gläubiger bekannt wurden)[70]).

Eine Ausnahme hiervon besteht nur dann, wenn der Konkursgläubiger zur Übernahme der Forderung verpflichtet war (z. B. als Indossant eines vom Gemeinschuldner akzeptierten Wechsels, der im Regreßwege zur Einlösung verpflichtet ist), und er zur Zeit der Verpflichtung weder von der Zahlungseinstellung noch von dem Eröffnungsantrage Kenntnis hatte[71])[72]).

E. Masseansprüche (Massekosten und Masseschulden)[73]).

1. Durch die Verwaltung, Verwertung und Verteilung der Masse entstehen Kosten und Schulden, die auf der reinen Konkursmasse (nach Aussonderung, Absonderung, Aufrechnung) als solcher ruhen[74]). Solche Kosten und Schulden sind vor der Befriedigung der Konkursgläubiger aus der Masse vorweg (ante

[61]) BGB. §§ 387—396.
[62]) BGB. § 387.
[63]) KO. § 54 Abs. 4, §§ 69, 70.
[64]) BGB. § 387.
[65]) KO. § 54 Abs. 1, 2, §§ 65, 70.
[66]) Zu vgl. BGB. § 387.
[67]) KO. § 54 Abs. 1, 3.
[68]) Zwingendes Recht.
[69]) KO. § 55 Nr. 1, 2.
[70]) KO. § 55 Nr. 3.
[71]) KO. § 55 Nr. 3 Abs. 2.
[72]) Im Anschlußkonkurs nach der Vergleichsordnung (Vergl.O. §§ 24, 71, 80) ist Kenntnis des Vergleichsantrags maßgebend.
[73]) KO. §§ 57—60.
[74]) Hauptfall sind Forderungen aus Rechtsgeschäften des Konkursverwalters.

omnes)[75]) zu berichtigen. Die Befriedigung der Masseansprüche (d. h. Ansprüche gegen die Masse) erfolgt unabhängig vom Gange der Verteilung im Konkursverfahren[76]). Die Masseansprüche sind gegenüber dem Konkursverwalter, der die Verfügung über die Masse hat, geltend zu machen[77]). Schuldner der Masseverbindlichkeiten ist der Gemeinschuldner als Inhaber der Masse[78]).

2. Die Masseansprüche zerfallen in Massekosten und Masseschulden. Diese Unterscheidung, die das Gesetz in erschöpfender Weise feststellt[79]), ist von praktischer Bedeutung, wenn die Masse zur Befriedigung beider nicht ausreicht. Dann haben die Masseschulden den Vorrang vor den Massekosten (KO. § 60).

a) Massekosten sind: die gerichtlichen Kosten des Verfahrens (sumptus prozessus), die Kosten der Verwaltung, Verwertung und Verteilung der Masse (sumptus oeconomici), dazu kommt die sog. freiwillige Kompetenz, d. h. die dem Gemeinschuldner und seiner Familie bewilligte Unterstützung (sumptus alimentationis)[80]).

b) Masseschulden sind: Schulden aus Geschäften oder Handlungen des Konkursverwalters als solchen[81]), Schulden aus zweiseitigen Verträgen, deren Erfüllung zur Konkursmasse verlangt wird oder für die Zeit nach der Konkurseröffnung erfolgen muß[82]), und Schulden wegen rechtloser Bereicherung der Masse[83]) selbst[84]).

3. Reicht die Masse zur vollständigen Befriedigung der Massegläubiger nicht aus, so sind zunächst die Masseschulden, dann die baren Auslagen der Massekosten, weiter die übrigen Massekosten zu berücksichtigen, und zuletzt die dem Gemeinschuldner und seiner Familie gewährte Unterstützung[85]) (KO. § 60)[86]).

§ 8.

Die Konkursforderungen.

A. Begriff. Konkursgläubiger sind die persönlichen Gläubiger des Gemeinschuldners, die wegen eines zur Zeit der Konkurseröffnung bereits begründeten Vermögensanspruchs aus dem zur Konkursmasse gehörenden Vermögen als Ganzem gemeinschaftlich Befriedigung beanspruchen können. Die Ansprüche der Konkursgläubiger werden als Konkursforderungen bezeichnet (KO. § 3 Abs. 1). Hieraus folgt:

1. Den Konkursgläubigern muß ein persönlicher Anspruch gegen den Gemeinschuldner zustehen. Den Gegensatz hierzu bildet die dingliche Haf-

---

[75]) Nur die Aussonderungs- u. Absonderungsberechtigten gehen vor.

[76]) KO. § 57.

[77]) KO. §§ 133 Nr. 2, 172, 191.

[78]) Nicht die Masse selbst oder die Gesamtheit der Konkursgläubiger, wie das gemeine Recht vorherrschend annahm.

[79]) Nicht begrifflich, KO. §§ 58, 59. Zu vgl. auch §§ 27, 224.

[80]) KO. § 58, § 129 Abs. 1, § 132 Abs. 1.

[81]) Z. B. neu abgeschlossenen Mietverträgen, Dienstverträgen, Darlehnsaufnahmen u. a., aber auch aus unerlaubten Handlungen, z. B. Patentverletzung, Haftung für Kraftfahrzeughaltung.

[82]) Z. B. Miet-, Pacht-, Dienstverträge, die der Gemeinschuldner vor dem Konkurs abgeschlossen hatte, wenn sie für Rechnung der Masse fortdauern.

[83]) Z. B. wenn der Konkursverwalter fremdes Gut veräußert u. das Geld zur Masse vereinnahmt hat.

[84]) KO. § 59.

[85]) Bei gleichem Rang tritt verhältnismäßige Befriedigung ein.

[86]) Die Verteilung ist Sache des Konkursverwalters; ein gerichtliches Verteilungsverfahren findet nicht statt.

tung. Die persönliche Haftung kann unbeschränkt, sie kann aber auch eine beschränkte sein[1]).

Auch Absonderungsberechtigte, soweit sie auch persönliche Gläubiger des Gemeinschuldners sind (was meistens der Fall sein wird), können als Konkursgläubiger auftreten, einmal in Höhe ihres Ausfalls, zum anderen dann, wenn und soweit sie auf abgesonderte Befriedigung verzichten (KO. § 64).

2. Die Konkursgläubiger bleiben Konkursgläubiger im Sinne des Gesetzes, auch wenn sie am Konkursverfahren nicht teilnehmen.

3. Die Konkursforderung muß zur Zeit der Konkurseröffnung bereits begründet sein. Zu den begründeten Forderungen gehören auch betagte[2]) und bedingte[3]) Forderungen. Auch nachträglich entstehende Schadensersatz-[4]) und Rückgriffs-(Regreß-)forderungen[5]) gehören hierher, wenn nur die ursprüngliche (die Grundlage bildende) Verpflichtung bereits vor der Konkurseröffnung begründet war.

Zu den Konkursforderungen gehören dagegen nicht gesetzliche Ansprüche auf künftigen Unterhalt (Alimente)[6]), da diese Ansprüche mit dem jedesmaligen Bedürfnisse nach der Konkurseröffnung immer von neuem entstehen[7]). Eine Ausnahme besteht nach § 3 Abs. 2 KO. nur, soweit der Gemeinschuldner als Erbe des Verpflichteten haftet, denn hier wird die Verpflichtung zur Unterhaltsgewährung nicht mehr mit dem jeweiligen Bedürfnis von neuem, sondern durch den Erbschaftserwerb begründet.

4. Es muß sich um Vermögensansprüche handeln, d. h. um Ansprüche, die in Geld aus dem Vermögen des Gemeinschuldners zu befriedigen sind. Demnach gehören nicht hierher Ansprüche, die auf ein rein persönliches Tun oder Unterlassen des Gemeinschuldners gerichtet sind, wie Leistung des Offenbarungseides, Nichtgebrauch einer Firma, eines Namens. Wohl aber sind Ansprüche auf Leistung von Diensten[8]) oder Herstellung eines Werks[9]) durch den Gemeinschuldner als Vermögensansprüche dann anzusehen, wenn bei Nichterfüllung das Interesse gefordert werden kann. Konkursforderungen behalten den Wert in Reichsmark, den sie am Tage des Konkursbeginns besitzen[10]).

5. Akzessionen der Konkursforderungen. Gewisse Nebenansprüche werden mit der Kapitalsforderung an derselben Stelle mitbefriedigt, nämlich: die Kosten, die dem Gläubiger vor der Konkurseröffnung erwachsen sind[11]), die Vertragsstrafen und die bis zur Konkurseröffnung aufgelaufenen Zinsen[12]).

6. Dagegen können im Konkursverfahren nicht geltend gemacht werden: Die seit Konkurseröffnung laufenden Zinsen; die Kosten, die den Gläubigern durch ihre Teilnahme am Verfahren erwachsen[13]); ferner Geldstrafen

---

[1]) Zu vgl. z. B. HGB. § 171, BGB. §§ 419, 1480, 1504, 1975ff., 2187.

[2]) Z. B. Steuerforderungen, die vor Konkurseröffnung entstanden, aber noch nicht fällig sind, KO. § 65.

[3]) Zu vgl. KO. § 67.

[4]) Zu vgl. KO. § 19 Satz 3, § 22 Abs. 2, §§ 27, 28.

[5]) Z. B. aus Bürgschaft, Wechsel.

[6]) KO. § 3 Abs. 2.

[7]) Concursus non alit infantes. Hierher gehören die Unterhaltungsansprüche des Ehegatten, der Verwandten, des unehelichen Kindes, auch Wochenbettkosten der unehelichen Mutter.

[8]) BGB. § 611.

[9]) BGB. § 631.

[10]) Zu vgl. VO. über Goldmarkrechnung im Konkurse v. 14. Februar 1924 (jetzt Reichsmarkwährung).

[11]) Z. B. Kosten der Mahnung, Zahlungsbefehl, Prozessen.

[12]) KO. § 62.

[13]) Sog. sumptus liquidationis.

(auch Ordnungs-, Diziplinar- und Zwangsstrafen)[14]); endlich Forderungen aus freigebigen Zuwendungen des Gemeinschuldners[15])[16]).

B. Rechtliche Behandlung.

1. Die Konkursforderungen werden aus der Konkursmasse gemeinschaftlich[17]) und für die Regel[18]) gleichmäßig befriedigt. In der Regel werden die Konkursgläubiger nicht voll befriedigt, sondern erhalten nur einen Bruchteil (Prozentsatz) ihrer Forderungen (Konkursdividende, Konkursquote, Konkursrate).

2. Jeder Konkursgläubiger hat das Recht auf konkursmäßige Befriedigung (man spricht hier von einem Konkursanspruch). Durch die Teilnahme am Konkurs erwachsen dem Konkursgläubiger eine ganze Reihe von Rechten (den Konkurs zu beantragen, Anmeldungen anderer Gläubiger zu widersprechen, in Gläubigerversammlungen abzustimmen, beim Zwangsvergleich mitzuwirken). Alle diese Rechte kann man zusammenfassen als Konkursteilnahmerecht[19]).

3. Die Konkursgläubiger in ihrer Vereinigung bilden eine Interessentengemeinschaft, weil sie gleichmäßig an der Durchführung ihrer Ansprüche interessiert sind, aber nicht eine materielle (privatrechtliche) Gemeinschaft[20]).

4. Folgende Arten von Konkursforderungen werden im Konkurse besonders behandelt:

a) Betagte Forderungen werden fällig. Sind sie unverzinslich, so wird der Zwischenzins (Diskont, Interusurium) abgezogen, und zwar nach der Hoffmannschen Methode[21]) (KO. § 65).

b) Forderungen mit auflösender (Resolutiv-) Bedingung werden wie unbedingte behandelt[22]) (KO. § 66).

c) Forderungen mit aufschiebender (Suspensiv-) Bedingung (die gewissermaßen nur eine Anwartschaft darstellen) gewähren nur ein Recht auf Sicherstellung, d. h. die Konkursdividende wird nicht ausgezahlt, sondern zurückbehalten bis die Bedingung eintritt[23]) (KO. § 67).

Zu den aufschiebend bedingten Forderungen gehört auch die Regreßforderung des Bürgen, der gezahlt hat, gegen den Hauptschuldner[24]).

---

[14]) Nicht hierher gehören Bußen (StGB. §§ 188, 231) u. Vertragsstrafen.

[15]) Z. B. aus Schenkungsversprechen (BGB. § 518).

[16]) KO. § 63.

[17]) D. h. unter Ausschluß des Einzelzugriffs, KO. § 3.

[18]) Ausnahmen bilden die privilegierten Konkursforderungen, KO. § 61 Nr. 1—5.

[19]) Zu vgl. Jaeger i. Encycl. der Rechts- u. Staatsw. XVIII S. 44.

[20]) Keinen Konkursverein, keine juristische Person, keine Gemeinschaft, wie vielfach im Schrifttum aus dem Wort Gläubigerschaft hergeleitet wird.

[21]) Z. B. bei Fälligkeit der Forderung nach 3 Jahren und 5% Zinsen nach der Formel: $X + {}^{5}/_{100}\,x \cdot 3 = K$ (Gegensatz: Carpzowsche und Leibnizsche Methode).

Die gesetzlichen Zinsen sind 4% nach BGB. § 246; 5% nach HGB. § 352; 6% nach WO. Art. 50, 51; z. Z. jedoch nach RG. v. 3. Juli 1925 2% über dem Reichsdiskontsatz.

[22]) Ist der Gläubiger zu einer Sicherheitsleistung verpflichtet und kommt dieser Verpflichtung nicht nach, so werden die auf eine solche Forderung entfallenden Anteile nicht ausgezahlt, sondern zurückbehalten (KO. § 168 Nr. 4).

[23]) Ist die Bedingung bis zur Schlußverteilung noch nicht eingetreten, so wird der zurückbehaltene Anteil zugunsten der unbedingt Berechtigten frei, wenn die Möglichkeit des Eintritts der Bedingung eine so entfernte ist, daß die bedingte Forderung einen gegenwärtigen Vermögenswert nicht hat (KO. § 154 Abs. 2).

[24]) Meldet jedoch der Gläubiger die unbedingte Forderung im Konkurse des Hauptschuldners an, so darf der Bürge seine Regreßforderung nicht auch noch geltend machen. Die Schuld gilt als einheitliche.

d) Wird Konkurs über einen oder mehrere Gesamtschuldner (z. B. mehrere Wechselverpflichtete) eröffnet, so kann der Gläubiger seine Forderung im vollen Umfang in jedem Konkurse geltend machen. Die Obergrenze bildet die volle Befriedigung des Gläubigers (KO. § 68).

e) Forderungen auf wiederkehrende Leistungen mit bestimmtem Betrag und für eine bestimmte Dauer werden kapitalisiert. Der Kapitalwert wird durch Zusammenrechnung der einzelnen Hebungen unter Abzug des Zwischenzinses (Diskonts, Interusuriums) berechnet. Als Obergrenze darf der Gesamtbetrag den zum gesetzlichen Zinsfuß kapitalisierten Betrag der Hebungen nicht übersteigen (KO. § 70).

f) Forderungen, die nicht auf einen Geldbetrag gerichtet sind (z. B. auf Sachen, Wertpapiere) oder deren Betrag unbestimmt oder ungewiß oder nicht auf Reichswährung gesetzt ist (z. B. Schadensersatz-, Interesseforderungen, Leibrenten), werden nach ihrem Schätzungswert[25]) in Reichswährung geltend gemacht (KO. § 69).

C. Rangordnung. Die Konkursordnung hat mit der großen — dem Kredit abträglichen — Zahl von Vorrechten und Privilegien, die das gemeine Recht und die ihm folgenden Landesrechten kannte, aufgeräumt und teils aus sozialen, teils aus fiskalischen Erwägungen nur noch wenige Vorrechte beibehalten[26]). Sie unterscheidet nur zwei Klassen von Konkursgläubigern, die bevorrechtigten (privilegierten) und die einfachen Konkursgläubiger.

1. Bevorrechtigt (privilegiert) sind folgende fünf Gruppen von Konkursforderungen, die in nachfolgender Rangordnung[27]) und bei gleichem Rang nach Verhältnis der Beträge befriedigt werden:

a) Rückständiger Lidlohn (Lohn- und Gehaltsforderungen der Leute[28]) des Gemeinschuldners in Haushalt, Wirtschaft, Geschäft) für das letzte Jahr vor der Konkurseröffnung oder vor dem Tode des Gemeinschuldners[29]).

b) Öffentliche Abgaben (d. h. Steuern und Zölle, Stempel usw.)[30]) des Reichs, der Länder, Gemeinden, Kommunalverbände, die im letzten Jahre vor der Konkurseröffnung fällig geworden sind.

c) Forderungen öffentlicher Verbände (Kirchen, Schulen[31]), öffentlicher Feuerversicherungsanstalten) wegen der gesetzlichen oder satzungsmäßigen Abgaben und Leistungen aus dem letzten Jahre vor der Konkurseröffnung.

d) Forderungen der Ärzte, Apotheken, Hebammen und Krankenpfleger (Medizinalpersonen) wegen ihrer taxmäßigen Kur- und Ver-

---

[25]) Den Schätzungswert zur Zeit der Konkurseröffnung.

[26]) Auch diese sind in ihrer Mehrzahl de lege ferenda kaum mehr zu rechtfertigen. Zu vgl. Jaeger i. d. Encycl. d. R. u. St. XVIII S. 45.

[27]) D. h. die vorhergehende Gruppe muß befriedigt sein, bevor die nächste Gruppe berücksichtigt wird.

[28]) Streitig ist, ob auch die Leiter größerer Unternehmungen dies Vorrecht haben. Rechtsprechung und Schrifttum schwanken. Das RG. verneint die Frage (RG. 120, 300).

Nur Dienstverträge gehören hierher, nicht auch Werkverträge.

[29]) Dasselbe Vorrecht ist den Trägern der öffentlichen sozialen Versicherung bezüglich der rückständigen Beiträge eingeräumt worden, weil es sich hier um Lohnteile handelt, die zum Zwecke der sozialen Fürsorge in die öffentliche Hand genommen sind (RVO. § 28 Abs. 3, Ang.VG. § 212 Abs. 3, Arbeitslosen-VG. § 145 Abs. 3).

[30]) Nicht gehören hierher Gebühren, wie Gerichtskosten, Kanalisationsgebühren usw.

[31]) Altes Privilegium der Kirchen und Schulen.

pflegungskosten aus dem letzten Jahre vor der Konkurseröffnung[32]). (Dies Vorrecht bezweckt die Förderung der Heilpflege.)

e) Forderungen von gewissen Schutzbefohlenen (Kinder, Mündel, Pfleglinge gegen Vater, Mutter, Vormund, Pfleger) aus der gesetzlichen (nicht freiwillig überlassenen) Verwaltung ihres Vermögens, falls die Forderung binnen zwei Jahren nach Schluß der Verwaltung gerichtlich geltend gemacht und bis zur Konkurseröffnung verfolgt ist.

Diese bevorrechtigten Gläubiger sind auch Konkursgläubiger und haben ihre Forderungen im Konkurse anzumelden (KO. § 12); sie haben aber aus dem Vorrecht Vorteile nach zweifacher Richtung. Einmal werden sie vor den einfachen Konkursgläubigern befriedigt, zum anderen sind die Vorschriften über Schmälerung der Rechte infolge Zwangsvergleichs[33]) auf sie nicht anwendbar[34]).

2. Hinter den fünf Gruppen der bevorrechtigten Konkursgläubiger folgen die einfachen Konkursgläubiger (gewöhnlichen Konkursgläubiger). Die einfachen Konkursgläubiger stehen einander gleich und beschränken sich in dem gemeinschaftlichen Befriedigungsverfahren wechselseitig.

§ 9.
Schwebende Rechtsgeschäfte und Prozesse.

A. Schwebende Rechtsgeschäfte.

1. Ist ein von dem Gemeinschuldner und einem Gläubiger vor Konkurseröffnung abgeschlossener gegenseitig verpflichtender Vertrag[1]) (z. B. Kauf) von dem Gemeinschuldner allein nicht erfüllt (z. B. der Kaufpreis nicht bezahlt), so steht dem Gläubiger wegen seines Anspruchs nur eine Konkursforderung zu (d. h. er erhält regelmäßig nur die Konkursdividende). Ist dagegen ein solcher Vertrag von beiden Vertragschließenden zur Zeit der Konkurseröffnung nicht oder nicht vollständig erfüllt[2]), so hat der Konkursverwalter die Wahl[3]), entweder Erfüllung zu verlangen, muß dann aber seinerseits aus der Masse erfüllen (Masseschuld), oder die Erfüllung abzulehnen[4]). Der Gläubiger hat dann nur einen Anspruch auf Schadensersatz wegen Nichterfüllung, den er als Konkursforderung geltend machen kann (KO. § 17 Abs. 1). Bis zur Erklärung des Konkursverwalters besteht ein Schwebezustand.

Der Konkursverwalter hat auf Verlangen des Gegners ohne Verzug die Wahl zu treffen. Erklärt er sich nicht, wird angenommen, daß er Erfüllung ablehnt (KO. § 17 Abs. 2)[5]).

---

[32]) Früher Privileg der Kosten der letzten Krankheit.

[33]) KO. §§ 173, 181, 191 Abs. 2, § 193.

[34]) Außer diesen fünf Gruppen von Vorrechten kennen andere Gesetze noch besondere Vorrechte. So das Vorrecht der Pfandbriefgläubiger im Konkurse einer Hypothekenbank (Hyp.BkG. § 35); der Versicherten im Konkurs des Versicherers (V.Aufs.G. § 61); der Einkaufskommittenten im Konkurse des Kommissionärs nach Depot G. § 7a i. d. F. der VO. v. 21. November 1923; der Bank für deutsche Industrieobligationen nach Industriebelastungsges. und Aufbringungsges. v. 30. August 1924.

[1]) BGB. § 320ff.

[2]) Z. B. Verkauf unter Eigentumsvorbehalt.

[3]) Wegen Genehmigung des Gläubigerausschusses vgl. KO. § 133 Nr. 2.

[4]) Aufgehoben wird der Vertrag nicht, auch besteht kein Recht auf Rücktritt vom Vertrag.

[5]) Die Grundsätze des § 17 KO. gelten nicht für konkursfreie Schuldverhältnisse, d. h. solche, die die Konkursmasse nicht berühren.

Bei sog. Sukzessivlieferungen an den Gemeinschuldner kann der Konkursverwalter weitere Lieferungen nur verlangen, wenn er auch die vorkonkurslichen Lieferungen als Masseschuld bezahlt (so RG. 39, 57; 51, 281; 62, 201; 85, 222; 98, 137).

2. Eine Ausnahme von der Regel des § 17 KO. gilt für sog. Fixgeschäfte, d. h. Geschäfte über Lieferung von Waren oder Wertpapieren, die einen Markt- oder Börsenpreis haben, falls die Lieferung genau zu einer festbestimmten Zeit oder binnen einer fest bestimmten Zeit zu erfolgen hat[6]). Ist bei solchen Geschäften erst zu einem Zeitpunkt zu liefern, der nach der Konkurseröffnung liegt, so verwandelt sich von Rechts wegen (kraft Gesetzes) die Forderung von selbst in einen Entschädigungsanspruch auf die Differenz zwischen dem ausbedungenen Kaufpreise und dem Markt- oder Börsenpreise, den die Kaufsache am zweiten Tage nach der Konkurseröffnung hat; das Wahlrecht des § 17 KO. fällt in diesem Falle weg (KO. § 18)[7]).

3. Miete und Pacht. Der Konkurs wirkt auf Miete und Pacht in folgender Weise ein:

a) Ist das Mietverhältnis zur Zeit der Konkurseröffnung noch nicht angetreten, und fällt der Vermieter in Konkurs, so gilt die Vorschrift des § 17 KO. über das Wahlrecht des Konkursverwalters[8]), jedoch bleibt das Mietverhältnis bestehen, wenn der Konkursverwalter die Mietsache freihändig veräußert[9]). Kommt es aber zur Zwangsversteigerung, so entsteht ein Recht des Erwerbers, das Mietverhältnis unter Einhaltung der gesetzlichen Frist[10]) zu kündigen (ZVG. § 57a).

Fällt bei noch nicht angetretener Miete der Mieter in Konkurs, so entsteht mit der Konkurseröffnung zugunsten des Vermieters das Recht, vom Vertrage zurückzutreten[11]). Auf Verlangen des Konkursverwalters muß sich der Vermieter ohne Verzug erklären. Erklärt er sich nicht, so bleibt es bei dem Wahlrecht des Konkursverwalters aus § 17 (KO. § 20). Das gesetzliche Rücktrittsrecht wird durch das Mieterschutzgesetz vom 30. Juni 1926, 14. Februar 1928 nicht gehindert.

b) Ist das Mietverhältnis zur Zeit der Konkurseröffnung bereits angetreten und fällt der Vermieter in Konkurs, so bleibt das Mietverhältnis auch gegenüber der Masse bestehen[12]). Veräußert jedoch der Konkursverwalter ein vermietetes Grundstück, so entsteht für den Erwerber das Recht, vorzeitig mit gesetzlicher Frist zu kündigen[13]), und zwar sowohl bei einer Veräußerung im Wege der Zwangsversteigerung[14]) als auch bei freihändiger Veräußerung[15]). Dem Mieter steht in diesem Falle eine Schadensersatzforderung wegen vorzeitiger Kündigung zu, die er als Konkursforderung geltend machen kann (KO. § 21 Abs. 3). Hat der Gemeinschuldner vor dem Konkurs Verfügungen über künftigen Mietzins für überlassene Grundstücke oder

---

6) HGB. § 376; BGB. § 361.

7) Die Vorschrift bezweckt eine möglichst schnelle Erledigung solcher Geschäfte.

8) Zu vgl. oben zu 1.

9) Nach § 571 BGB., der den Grundsatz aufstellt: Kauf bricht nicht Miete.

10) Zu vgl. §§ 565, 580 BGB. (bei Grundstücksmiete spätestens am 3. Werktag eines Kalendervierteljahres auf den Schluß dieses Vierteljahrs).

11) Da dieses Recht auf dem Gesetz (KO. § 20) beruht, so entsteht ein Entschädigungsanspruch wegen Rücktritts nicht.

12) KO. § 21 Abs. 1. Der Konkursverwalter hat nicht das Wahlrecht des § 17 KO., es entsteht auch für keinen Vertragsteil ein Kündigungsrecht.

13) Das Kündigungsrecht des Erstehers ist jedoch nur unter den Voraussetzungen des Mieterschutzges. v. 30. Juni 1926, 14. Februar 1928 zulässig.

14) ZVG. § 57, 57a, 57b.

15) Ausnahme von § 571 BGB. (Hier wird der freiwillige Käufer dem Erwerber gleichgestellt.) ZVG. §§ 57, 57a.

Räume getroffen (z. B. gestundet oder zediert), so wirken diese Verfügungen gegenüber der Konkursmasse nicht weiter als bis zum Schlusse des bei der Konkurseröffnung laufenden Kalendervierteljahrs[16]) (KO. § 21 Abs. 2).

Fällt bei angetretener Miete der Mieter in Konkurs, so kann sowohl der Konkursverwalter als auch der andere Vertragsteil das Mietverhältnis mit gesetzlicher Frist[17]) kündigen, falls nicht noch eine kürzere Frist ausbedungen ist. Kündigt der Konkursverwalter, so kann der Vertragsgegner Ersatz des ihm durch die Aufhebung des Vertrags entstehenden Schadens (als Konkursforderung) verlangen (KO. § 19)[18])[19]).

c) Was für die Miete vorgeschrieben ist, gilt auch für die Pacht (KO. §§ 19—21); auch für Untermiete und Unterpacht.

4. Arbeits-(Dienst-)verträge.

a) Der Konkurs des Arbeitgebers (Dienstherrn) begründet für jeden Vertragsteil das Recht, ein in dem Haushalt, dem Wirtschaftsbetrieb oder Erwerbsgeschäft des Gemeinschuldners angetretenes[20]) Arbeits-(Dienst-)verhältnis zu kündigen[21]). Die Kündigungsfrist ist, falls nicht eine kürzere bedungen ist, die gesetzliche (KO. § 22 Abs. 1).

Die gesetzliche Frist ist verschieden, je nach der Art des Arbeitsverhältnisses. Sie beträgt für gewerbliche Arbeiter zwei Wochen[22]), für gewerbliche Angestellte sechs Wochen auf Quartalsschluß[23]), für Handlungsgehilfen desgleichen[24]), für die nur dem BGB. unterstehenden Arbeitnehmer gelten die §§ 621—624 BGB., für See- und Binnenschiffahrt und Flößerei die betr. Schiffahrts- usw. Gesetze[25]).

Kündigt der Konkursverwalter, so ist der andere Teil berechtigt, Ersatz des ihm durch die Aufhebung des Arbeitsverhältnisses entstehenden Schadens zu verlangen, und zwar als Konkursforderung (KO. § 22).

Unberührt bleiben die Vorschriften über die fristlose Kündigung, namentlich aus einem „wichtigen Grund".

Zweifelhaft und streitig ist, inwieweit auch die sozialrechtlichen Kündigungsbeschränkungen des Arbeitsrechts Anwendung finden. Es handelt sich um folgende Fälle:

---

16) Wird der Konkurs erst im letzten Halbmonat des Vierteljahrs eröffnet, so wird noch das nächste Kalendervierteljahr hinzugerechnet.

17) BGB. § 565, 580, 595.

18) Das Mieterschutzges. v. 30. Juni 1926, 14. Februar 1928 (§ 26) hat hieran nichts geändert.

19) Haben Eheleute gemeinsam gemietet u. fällt der Ehemann in Konkurs, so gilt § 19 KO. (ROHG. 17, 6).

20) Ist das Dienstverhältnis noch nicht angetreten, so gilt die Regel des § 17 KO.

21) Dies muß auch für die leitenden Angestellten (Direktoren usw.) gelten.

22) Maßgebend ist die Gew.O. § 122.

23) Gew.O. §§ 133a, 134.

24) HGB. §§ 66—69.

25) Zu vgl. wegen der Kündigungsfrist älterer Angestellten Ges. v. 9. Juli 1926. Die für die Angestellten günstigeren Vorschriften dieses Gesetzes müssen nach der Tendenz des Gesetzes auch für den Konkurs gelten.

(1) Einspruchsverfahren nach Betriebsrätegesetz vom 4. Februar 1920 (§ 78 Nr. 9, §§ 84ff.)[26]);
(2) Kündigung eines Mitgliedes der Betriebsvertretung (BRG. §§ 96ff.)[27]);
(3) § 74 Betriebsrätegesetz schreibt ein „Insbenehmentreten" mit Betriebsrat bei Massenentlassungen infolge Einschränkung, Stillegung des Betriebes oder Einführung neuer Arbeitsmethoden vor[28]);
(4) Kündigungsbeschränkungen zugunsten Schwerbeschädigter nach Gesetz vom 12. Januar 1923, 8. Juli 1926[29]);
(5) die Einschränkungen bei Betriebsstillegungen nach den Stillegungs-Verordnungen vom 8. November 1920 und 15. Oktober 1923[30]);
(6) die Kündigungsbeschränkungen nach dem Mutterschutzgesetz vom 16. Juli 1927[31]).

Man wird annehmen können, daß diese Vorschriften nicht anwendbar sind, soweit die KO. als lex specialis anzusehen ist, die den besonderen Fall des Konkurses zu regeln bestimmt ist. Dagegen werden die allgemein geregelten Kündigungsbeschränkungen des Mutterschutzgesetzes, des § 13 Schwerbeschädigtengesetzes und auch der Stilllegungsverordnung Anwendung zu finden haben[32]).

b) Fällt der Arbeitnehmer (der Dienstverpflichtete) in Konkurs, so bleibt der Arbeitsvertrag bestehen[33]). Der Lohn oder Gehalt ist Neuerwerb und konkursfrei.

5. Auftrag und Geschäftsbesorgung.

a) Ein von dem Gemeinschuldner erteilter Auftrag[34]), der sich auf das zur Konkursmasse gehörende Vermögen erstreckt[35]), erlischt mit der Konkurseröffnung kraft Gesetzes (KO. § 23 Abs. 1 Satz 1)[36]). Jedoch hat der Beauftragte, wenn mit dem Aufschub Gefahr verbunden ist, die mit Durchführung des Auftrags verbundenen Geschäfte fortzusetzen, bis der Konkursverwalter anderweit Fürsorge treffen kann (KO. § 23 Abs. 1 Satz 2 in Verbindung mit BGB. § 672 Satz 2). Weiter gilt zugunsten des Beauftragten der Auftrag so lange als fort-

[26]) Einspruch beim Arbeiter- oder Angestelltenrat — Frist 5 Tage nach Kündigung —, Einspruchsgründe § 84. — Vorprüfung durch den Gruppenrat — Verständigungsverhandlungen mit dem Arbeitgeber. Bei Erfolglosigkeit Klage bei dem Arbeitsgericht. Arbeitsgericht entscheidet (BRG. §§ 86, 87). Berufung an Landesarbeitsgericht. — Revision ausgeschlossen (Arbeitsgerichtsges. § 72).

[27]) Zustimmung der Betriebsvertretung erforderlich. — Vorher liegt keine Kündigung vor. — Wird die Zustimmung versagt, so kann sie das Arbeitsgericht ersetzen.

[28]) Vor Kündigung ist eine Verständigung mit dem Betriebsrat über Art u. Zahl der Kündigungen zu versuchen. Beim Scheitern des Versuchs kann ein Schlichtungsverfahren eingeleitet werden (§ 66 Abs. 3 BRG.).

[29]) Zustimmung der Hauptfürsorgestelle für die Kündigung vorgeschrieben. — Verlängerung der Kündigungsfrist auf mindestens 4 Wochen (§ 13 des Ges.).

[30]) Die Kündigung ist von behördlicher Genehmigung abhängig. Einhaltung einer Sperrfrist von 4 bzw. 6 Wochen. Während dieser Frist kann die Behörde das Erforderliche veranlassen (z. B. Beschlagnahme oder Enteignung des Betriebs).

[31]) Kündigungen 6 Wochen vor u. 6 Wochen nach der Niederkunft sind unwirksam.

[32]) Zu vgl. Bescheid des preuß. Handelsministers (im Einvernehmen mit Reichsjustiz-, Reichsarbeits- u. Reichswirtschaftsminister) v. 6. August 1925. Auch Mentzel, KO. S. 123ff.

[33]) Unter Umständen bildet der Konkurs des Arbeitnehmers (z. B. Kassierers) für den Arbeitgeber einen wichtigen Grund zur fristlosen Entlassung des Arbeitnehmers.

[34]) D. h. unentgeltliche Geschäftsbesorgung, BGB. §§ 662ff.

[35]) Ausgeschlossen sind Aufträge über konkursfreie Angelegenheiten, z. B. Heiratsvermittlung.

[36]) § 17 KO. ist nicht anwendbar, weil der Auftrag kein zweiseitiger Vertrag ist.

bestehend, bis der Beauftragte von dem Erlöschen des Auftrags Kenntnis erlangt oder das Erlöschen kennen muß (KO. § 23 Abs. 1 Satz 2 in Verbindung mit BGB. § 674). Der Beauftragte hat wegen seines Verwendungsanspruchs im Falle des § 672 Satz 2 BGB. eine Masseforderung und im Falle des § 674 BGB. eine Konkursforderung (KO. § 27).

b) Der Konkurs des Beauftragten hat keinen Einfluß auf das Vertragsverhältnis. Der Gemeinschuldner hat den von ihm angenommenen Auftrag auszuführen.

c) Die Vorschriften zu a über Auftrag gelten auch für den Geschäftsbesorgungsvertrag, d. i. Dienst- oder Werkvertrag, durch den sich jemand verpflichtet, ein ihm übertragenes Geschäft für den Geschäftsherrn zu besorgen[37]) (KO. § 23 Abs. 2, BGB. § 675).

6. Vollmacht.

a) Die Vollmacht, d. h. die durch ein Rechtsgeschäft[38]) erteilte Vertretungsmacht[39]) (BGB. § 166 Abs. 2), erlischt, wenn und soweit das der Vollmachtserteilung zugrunde liegende Rechtsgeschäft[40]) (z. B. Dienstvertrag, Werkvertrag, Auftrag, Geschäftsbesorgung, Gesellschaft) erlischt (BGB. § 168 Abs. 1). Da z. B. ein von dem Gemeinschuldner erteilter Auftrag mit der Konkurseröffnung erlischt[41]), so erlischt auch infolge dieser Konkurseröffnung zugleich die Vollmacht des Beauftragten.

Dieser Grundsatz gilt für Vollmachten aller Art (die bürgerlichrechtliche, die handelsrechtliche, die Prozeßvollmacht).

b) Soweit jedoch ausnahmsweise nach bürgerlichem Recht[42]) das Grundverhältnis (d. h. das der Vollmachtserteilung zugrunde liegende Rechtsgeschäft) und damit[43]) die Vollmacht nicht erlischt, binden die Rechtshandlungen des Bevollmächtigten doch nicht die Konkursmasse, vielmehr nur den Gemeinschuldner persönlich[44]).

7. Anweisung. Von der Vollmacht verschieden ist die Anweisung, die eine besondere Rechtseinrichtung darstellt (BGB. §§ 783ff., HGB. §§ 363ff.).

a) Den Angriff der Anweisung umschreibt § 783 BGB. dahin: Händigt jemand eine Urkunde, in der er einen anderen anweist, Geld, Wertpapiere oder andere vertretbare Sachen an einen Dritten zu leisten, so gilt zweierlei: Einmal ist der Dritte ermächtigt, die Leistung bei dem Angewiesenen im eigenen Namen (d. h. nicht als Bevollmächtigter) zu erheben; zum anderen ist der Angewiesene

---

37) Z. B. das Vertragsverhältnis zwischen Rechtsanwalt u. Mandanten, zwischen Gerichtsvollzieher u. Auftraggeber.

38) Einseitig empfangsbedürftiges Rechtsgeschäft (nicht Vertrag).

39) Den Gegensatz bildet die durch Gesetz erteilte Vertretungsmacht, d. h. gesetzliche Vertretung.

40) Das sog. Innenverhältnis.

41) Zu vgl. oben Nr. 5.

42) Zu vgl. oben Nr. 5a.

43) Nach dem Grundsatz zu a.

44) Die Rechtshandlungen des Bevollmächtigten können gegenüber der Konkursmasse nicht anders wirken als die des vertretenen Gemeinschuldners, der nach § 6 KO. das Verfügungsrecht über die Konkursmasse verliert.

ermächtigt, für Rechnung des Anweisenden an den Anweisungsempfänger zu leisten[45]).

b) Im Falle des Konkurses gilt folgendes:

Bei Konkurs des Anweisenden erlischt die Anweisung nicht, jedoch kann der Konkursverwalter widerrufen, solange der Anweisende zum Widerruf berechtigt ist[46]). Bei Konkurs des Anweisungsempfängers bleibt gleichfalls die Anweisung unberührt (sie erlischt nicht). Bei Konkurs des Angewiesenen ist der Anweisungsempfänger Konkursgläubiger, wenn der Angewiesene vor der Konkurseröffnung angenommen hat; dagegen entsteht eine Masseschuld, wenn der Konkursverwalter annimmt.

8. Gesellschaftsvertrag[47]).

a) Die Gesellschaft wird durch die Eröffnung des Konkurses über das Vermögen eines Gesellschafters aufgelöst (BGB. § 728). Eine Ausnahme von dieser Regel besteht dann, wenn ausdrücklich im Gesellschaftsvertrag[48]) für den Fall des Konkurses eines Gesellschafters bestimmt ist, daß die Gesellschaft unter den übrigen Gesellschaftern fortbestehen soll (BGB. § 736).

b) Wird die Gesellschaft infolge Konkurses eines Gesellschafters aufgelöst[49]) so sind die übrigen Gesellschafter zur einstweiligen Fortführung der ihnen übertragenen Geschäfte verpflichtet[50]); die Gesellschaft gilt insoweit als fortbestehend (BGB. § 728 Satz 2, § 727 Abs. 2 Satz 2, 3)[51]).

9. Sondervorschriften über die Behandlung schwebender Rechtsverhältnisse bestehen ferner für Versicherungsverträge[52]) und für Verlagsverträge[53]).

B. Schwebende Prozesse.

1. Rechtsstreitigkeiten über das zur Konkursmasse gehörende Vermögen[54]) die zur Zeit der Konkurseröffnung anhängig sind, werden nach Zivilprozeßrecht[55]) ipso jure unterbrochen[56]). Dies gilt sowohl für Rechtsstreitigkeiten, die für den Gemeinschuldner als auch für solche, die gegen ihn geführt werden. Die Unterbrechung dauert bis zur Aufnahme des Verfahrens nach den Regeln des Konkurses oder bis zur Beendigung des Konkursverfahrens[57]), d. h. bis zu dem Zeitpunkt, in welchem der Gemeinschuldner das Verfügungsrecht über sein Vermögen wieder erhält.

---

45) Die beiden Ermächtigungen entstehen durch Aushändigung der Urkunden — ohne Schuldvertrag.

46) Zu vgl. hierüber BGB. § 790.

47) BGB. §§ 705ff.

48) Oder in Nachträgen zu diesem.

49) Regelfall zu a.

50) Diese Verpflichtung besteht solange, bis der Konkursverwalter die nötigen Maßnahmen treffen kann.

51) Zu vgl. auch die Schutzvorschrift im § 729 BGB.

52) Versicherungsvertragsges. §§ 13, 14, 59 Nr. 2, 61, 63.

53) Reichs-Verlags-Ges. §§ 36—38.

54) D. h. Prozesse, die die Konkursmasse berühren. Ausgeschlossen sind mithin Prozesse über das konkursfreie Vermögen (Ehescheidungsprozesse u. dgl.).

55) ZPO. § 240

56) Auch Mahnverfahren, Beschwerdeverfahren, Kostenfestsetzungsverfahren.

57) Aufhebung oder Einstellung des Konkursverfahrens.

2. Die Unterbrechung des Verfahrens hat folgende Wirkungen: Der Lauf jeder Prozeßfrist hört auf[58]; Prozeßhandlungen einer Partei — soweit sie nicht die Aufnahme des Verfahrens betreffen — sind gegenüber der anderen Partei unwirksam[59]; richterliche Handlungen (z. B. Entscheidungen, Beweisaufnahmen, Kostenfestsetzungen) dürfen während der Dauer der Unterbrechung des Verfahrens nicht vorgenommen werden[60].

3. Für die Aufnahme des Verfahrens gelten folgende konkursrechtliche Vorschriften:

a) Handelt es sich um einen für den Gemeinschuldner[61] anhängigen Rechtstreit, so hat der Konkursverwalter[62] die Wahl, ob er den Rechtsstreit für die Konkursmasse aufnehmen[63] oder die Aufnahme ablehnen[64] will (KO. § 10). Verzögert er die Aufnahme, so kann der Gegner ihn zur Aufnahme laden. Erscheint der Geladene nicht, so ist auf Antrag die Aufnahmepflicht als zugestanden anzusehen und Versäumnisurteil in der Hauptsache zu erlassen[65] (KO. § 10 Abs. 1 Satz 2). Lehnt der Konkursverwalter die Aufnahme des Rechtsstreits ab[66], so gehört der streitige Anspruch nicht mehr zur Konkursmasse[67], sondern fällt in das konkursfreie Vermögen des Gemeinschuldners. Demzufolge kann in einem solchen Falle sowohl der Gemeinschuldner als auch der Gegner den Rechtsstreit aufnehmen (KO. § 10 Abs. 2).

b) Handelt es sich um einen gegen den Gemeinschuldner anhängigen Rechtsstreit, der auf Aussonderung oder auf Absonderung gerichtet ist oder auf Befriedigung aus der Masse[68] abzielt, so kann sowohl der Konkursverwalter als auch der Gegner[69] den Prozeß aufnehmen (KO. § 11 Abs. 1). Erkennt der Konkursverwalter den Anspruch sofort an, so fallen ihm die Prozeßkosten nicht zur Last[70] (KO. § 11 Abs. 2).

Betrifft der gegen den Gemeinschuldner anhängige Rechtsstreit einen Anspruch, der sich nur als Konkursforderung[71] darstellen würde, so tritt zwar auch hier eine Unterbrechung des Verfahrens ein, der Anspruch muß jedoch ohne Rücksicht auf den schwebenden Prozeß wie jede Konkursforderung angemeldet werden. Wird die Forderung im Prüfungstermine von keiner Seite bestritten, so ist sie anerkannt. Widerspricht der Konkursverwalter oder ein Konkursgläubiger, so ist der anhängige Prozeß gegen den Widersprechenden

---

[58] Sie beginnt nach Beendigung der Unterbrechung von neuem.
[59] ZPO. § 249.
[60] Ausnahme: Publikation vorher getroffener Entscheidungen. ZPO. § 249 Abs. 3.
[61] Wenn ein zur Vermehrung der Teilungsmasse dienender Anspruch verfolgt wird (RG. 11, 398; 45, 374; 63, 366; 73, 277).
[62] Nur dieser.
[63] Durch eine Aufnahmeerklärung gegenüber dem Gegner (ZPO. §§ 250, 496).
[64] Die Ablehnung erfordert Genehmigung des Gläubigerausschusses, KO. § 133 Nr. 2.
[65] ZPO. §§ 330, 331.
[66] Durch sog. Freigabeerklärung.
[67] In der Freigabeerklärung liegt ein Verzicht.
[68] Als Masseschuld.
[69] Im Gegensatz zum Regelfall zu a.
[70] Diese belasten nicht die Masse, können aber als Konkursforderung geltend gemacht werden.
[71] Auch als privilegierte.

aufzunehmen (KO. § 146 Abs. 3). Bestreitet nur der Gemeinschuldner die Forderung, so muß der Gläubiger den anhängigen Prozeß gegen den Gemeinschuldner aufnehmen, wenn er einen Titel zur Zwangsvollstreckung gegen diesen erhalten will (KO. § 144 Abs. 2).

§ 10.

Anfechtung von Rechtshandlungen des Gemeinschuldners[1]).

1. Allgemeines. Die Anfechtung von Rechtshandlungen des Gemeinschuldners verfolgt das Ziel, Minderungen des zur Konkursmasse gehörenden Vermögens, die der Gemeinschuldner vor der Konkurseröffnung zum Nachteil der Konkursmasse vorgenommen hat, zugunsten seiner Gläubiger rückgängig zu machen (und damit die Konkursmasse zu vermehren)[2]).

Eine Anfechtung kommt nur in Frage für Rechtshandlungen, die vor der Konkurseröffnung vorgenommen sind. Die nach der Konkurseröffnung von dem Gemeinschuldner vorgenommenen Rechtshandlungen sind, soweit sie die Konkursmasse betreffen, unwirksam, weil dem Gemeinschuldner von Rechts wegen[3]) die Befugnis, über sein zur Konkursmasse gehörendes Vermögen zu verfügen, entzogen ist.

2. Geschichtliches.

a) Das Römische Recht gewährte Schutz durch die actio Pauliana, die auf der einen Seite eine fraus (animus — consilium — fraudandi), auf der anderen Seite conscientia fraudis voraussetzt (sog. Betrugspauliana). Daneben bestand die sog. Schenkungspauliana, wenn es sich um eine reine Liberalität des Gemeinschuldners handelte. In diesem Falle konnte der Beschenkte (der Schenknehmer) auf Herausgabe seiner Bereicherung belangt werden, wenn er nicht fraudis particeps war[4]). Diese beiden Arten der Anfechtung haben sich bis auf den heutigen Tag erhalten.

b) Eine dritte Art der Anfechtung entwickelte das mittelalterlich-italienische Recht: die sog. Konkurspauliana. Sie beruht auf dem Gedanken eines Schutzes der benachteiligten Gläubiger bei Verstoß gegen den Grundsatz der par conditio creditorum. Dieser Gedanke fand seinen Ausdruck in der Beschränkung der Wirksamkeit[5]) solcher Rechtshandlungen des Gemeinschuldners, durch die er einzelne seiner Gläubiger nach der Zahlungseinstellung oder dem Antrag auf Konkurseröffnung oder in einer gewissen Zeit (10 Tage) vorher[6]) Sicherung oder Befriedigung gewährt hatte. Dieser Gedanke ist in das französische Recht[7]) und von da auch in andere Rechte (z. B. das italienische, belgische) und schließlich in das geltende Deutsche Recht übergegangen.

---

[1]) Die Anfechtung von Rechtshandlungen eines Schuldners außerhalb des Konkursverfahrens regelt das Reichsanfechtungsges. v. 21. Juli 1879 i. d. F. der Bek. v. 20. Mai 1898.

[2]) Vielfach wird zum Schutze der Gläubiger gegen Verschiebungen von Vermögenswerten des Gemeinschuldners eine Erweiterung der Anfechtung angestrebt.

[3]) KO. § 6.

[4]) Zu vgl. Tit. D 42, 8 Quae in fraudem creditorum facta sunt, ut restituantur. Auch Cod. 7, 75 de revocandis his, quae per fraudem alienata sunt.

[5]) Nichtigkeit ipso jure bzw. Anfechtung.

[6]) Sog. materieller Konkursfall.

[7]) Lyoner Reglement v. 1667, Code de commerce 1807 Art. 437ff. Zu vgl. auch Novelle v. 1838 Art. 446—449.

3. Geltendes Recht. Die KO. regelt die Anfechtung in den §§ 29—42.

a) Nach § 29 können „Rechtshandlungen, die vor der Eröffnung des Konkurses vorgenommen sind", angefochten werden. Die erste allgemeine Voraussetzung für die Anfechtung ist also, daß eine „Rechtshandlung" in Frage steht. Unter Rechtshandlung versteht man ganz allgemein jede Willensbetätigung, die einen Rechtserfolg hat. Hierher gehören Rechtshandlungen im engeren Sinne (Commixtio, confusio, afferuminatio, applumbatio usw.), ferner Rechtsgeschäfte und Verfügungen aller Art (z. B. Kauf, Abtretung, Einziehung von Forderungen, Pfandbestellung, auch Sicherungsübereignung, Bürgschaft, Erlaß, Verzicht, Schenkung), aber auch privatrechtliche und prozeßrechtliche Handlungen oder Unterlassungen (z. B. Verjährenlassen eines Anspruchs, Anerkenntnis im Prozeß, Nichterscheinen im Verhandlungstermin, um ein Versäumnisurteil gegen sich ergehen zu lassen). Auch gehören solche Fälle hierher, in welchen eine Behörde oder ein Dritter bei den Rechtshandlungen des Gemeinschuldners mitwirkt (z. B. notarielle Verträge, prozessuale Vollstreckungshandlungen, die der Gemeinschuldner gegen sich ergehen läßt, Pfändungen und Arreste einzelner Gläubiger, die der Gemeinschuldner zuläßt)[8]).

Daß die Rechtshandlung vor der Konkurseröffnung vorgenommen sein muß, ergibt sich klar aus § 29 KO.

b) Weiter wird vorausgesetzt, daß die Rechtshandlung dem Anfechtungsgegner (d. h. dem Begünstigten) einen Vermögensvorteil verschafft hat[9]) und eine Benachteiligung der übrigen Gläubiger enthält[10]). Dies ergibt sich aus dem Zweck der Anfechtung. Zwischen Rechtshandlung und Gläubigerbenachteiligung muß ein ursächlicher Zusammenhang bestehen.

c) Die besonderen Voraussetzungen sind entsprechend der drei Arten der actio Pauliana: fraus und conscientia fraudis[11]), Verletzung des Grundsatzes der par conditio creditorum[12]) und Schenkung (Unentgeltlichkeit)[13]).

4. Die einzelnen Anfechtungsfälle.

a) Betrugspauliana. Anfechtbar sind Rechtshandlungen, die der Gemeinschuldner in der dem anderen Teile bekannten Absicht[14]), seine Gläubiger zu benachteiligen, vorgenommen hat (KO. § 31 Nr. 1).

Ist jedoch in dem letzten Jahre vor Konkurseröffnung ein entgeltlicher Vertrag zwischen dem Gemeinschuldner und gewissen nahen Verwandten[15]) abgeschlossen, der die Gläubiger benachteiligt, so hat

---

[8]) Zu vgl. § 35 KO.; ein besonders wirksamer Schutz für Fälle, in denen auf juristischen Umwegen die Rechtsformen mißbraucht werden.

[9]) Erwerb oder Befreiung von Lasten.

[10]) D. h. die Werte, aus denen die Gläubiger Befriedigung verlangen können, vermindert oder auch die Schuldenlast des Gemeinschuldners erhöht.

[11]) KO. § 31.

[12]) KO. § 30.

[13]) KO. §§ 32, 222.

[14]) Vorsatz (Bewußtsein der Benachteiligung) genügt nicht, der Wille des Erfolgs muß vorhanden gewesen sein. Unter Umständen genügt Eventualdolus. Ein Kennenmüssen des anderen Teils genügt nicht.

[15]) Ehegatten, Aszendenten u. Deszendenten des Gemeinschuldners oder deren Ehegatten, voll- u. halbbürtigen Geschwister des Gemeinschuldners oder dessen Ehegatten sowie die Ehegatten einer dieser Personen.

der Gegner zu beweisen, daß ihm zur Zeit des Vertragsabschlusses eine Absicht des Gemeinschuldners, die Gläubiger zu benachteiligen, nicht bekannt war.

b) Konkurspauliana. Anfechtbar sind:
die nach Zahlungseinstellung oder dem Antrag auf Konkurseröffnung[16]) von dem Gemeinschuldner eingegangenen, die Konkursgläubiger benachteiligenden Rechtsgeschäfte, wenn dem anderen Teile zu der Zeit, als er das Geschäft einging, die Zahlungseinstellung oder der Eröffnungsantrag bekannt war[17]) (KO. § 30 Nr. 1, erster Halbsatz);
ferner die nach diesem Zeitpunkt vorgenommenen Rechtshandlungen, die einem Konkursgläubiger[18]) Sicherung oder Befriedigung gewähren[19]), wenn dem Gläubiger zu der Zeit, als die Handlung erfolgte, die Zahlungseinstellung oder der Eröffnungsantrag bekannt war[20]) (KO. § 30 Nr. 1, zweiter Halbsatz).

Weiterhin sind unter dem Gesichtspunkt der Konkurspauliana anfechtbar: die nach Zahlungseinstellung oder dem Antrag auf Konkurseröffnung oder in den letzten zehn Tagen vor diesem Zeitpunkt erfolgten Rechtshandlungen, die einem Konkursgläubiger eine Sicherung oder Befriedigung gewähren, die er nicht oder nicht in der Art oder nicht zu der Zeit zu beanspruchen hatte[21]), sofern der Konkursgläubiger nicht beweist, daß ihm zur Zeit der Handlung weder die Zahlungseinstellung und der Eröffnungsantrag, noch eine Absicht des Gemeinschuldners, ihn vor den übrigen Gläubigern zu begünstigen[22]), bekannt war[23]) (KO. § 30 Nr. 2).

c) Schenkungspauliana. Anfechtbar wegen Unentgeltlichkeit sind:
die in dem letzten Jahre vor Konkurseröffnung von dem Gemeinschuldner vorgenommenen unentgeltlichen Verfügungen[24]). Eine Ausnahme bilden gebräuchliche Gelegenheitsgeschenke[25]) (KO. § 32 Nr. 1).

Ferner die in den letzten zwei Jahren vor Konkurseröffnung von dem Gemeinschuldner vorgenommenen unentgeltlichen Verfügungen zugunsten seines Ehegatten[26]) (KO. § 32 Nr. 2).

5. Vollzug der Anfechtung.

---

[16]) D. h. von einem Zeitpunkt, der vor der Konkurseröffnung liegt (Zeit der Krise).

[17]) Kennenmüssen genügt nicht. Hat ein Vertreter gehandelt, so kommt es auf die Kenntnis des Vertreters an.

[18]) Der vorerwähnte Fall betraf nicht „Konkursgläubiger".

[19]) Sog. kongruente Deckung, d. h. Deckung, wie sie geschuldet war.

[20]) Eine Ausnahme von dieser Vorschrift bilden Wechsel-(Scheck-)zahlungen, deren Annahme ohne Verlust des Regreßanspruchs gegen andere Verpflichtete nicht verweigert werden kann. KO. § 34.

[21]) Sog. inkongruente Deckung.

[22]) Beweis einer zweifachen Negative. Der Anfechtungsgegner muß die gesetzliche Vermutung entkräften.

[23]) In allen diesen Fällen können Rechtshandlungen, die früher als 6 Monate vor Konkurseröffnung erfolgt sind, aus dem Grunde einer Kenntnis der Zahlungseinstellung nicht angefochten werden. KO. § 33.

[24]) Namentlich Schenkung (§ 516 BGB.), auch verschleierte (zu vgl. BGB. § 117 Abs. 2). Ferner unentgeltlicher Verzicht auf Rechte, Aufgabe des Eigentums usw.

[25]) Weihnachts-, Geburtstags-, Hochzeitsgeschenke u. dgl.

[26]) Auch hier bilden m. E. gebräuchliche Gelegenheitsgeschenke eine Ausnahme.

a) Das Anfechtungsrecht wird ausschließlich vom Konkursverwalter[27]) ausgeübt, dessen Rechte und Pflichten in den §§ 78—86 KO. näher bestimmt sind. Zu diesen Rechten und Pflichten gehört auch die auf Vermehrung der Masse abzielende Anfechtung (KO. § 36). Streitig ist, wen der Konkursverwalter hierbei vertritt: die Gläubiger (oder die Gläubigerschaft), die Konkursmasse (als Rechtssubjekt) oder den Gemeinschuldner als das Subjekt der Konkursmasse[28]). Das Reichsgericht vertritt die Auffassung, daß der Konkursverwalter bei der Anfechtung weder als Vertreter des Gemeinschuldners noch auch der Gläubiger, sondern als amtliches Organ kraft eigenen Rechts handelt (RG. 52, 333)[29]).

b) Anfechtungsgegner ist nicht nur der ursprünglich Begünstigte, sondern auch der Universalsukzessor und unter Umständen auch der Singularsukzessor.

Die gegen den Erblasser begründete Anfechtung findet gegen den Erben statt (KO. § 40 Abs. 1). Dem Erben steht ein sonstiger Universalsukzessor (z. B. der Käufer einer Erbschaft, der Übernehmer eines gesamten kaufmännischen Geschäftes) gleich.

Gegen den Sondernachfolger des Begünstigten[30]) findet die Anfechtung statt: wenn ihm zur Zeit seines Erwerbes die Umstände, die die Anfechtbarkeit des Erwerbes seines Rechtsvorgängers begründen, bekannt waren. Gehört der Rechtsnachfolger zu den oben unter 4a erwähnten nahen Angehörigen des Gemeinschuldners, so trifft ihn die Beweislast der Unkenntnis jener Umstände. Die Anfechtung gegen den Sondernachfolger findet ferner statt, wenn diesem das Erlangte unentgeltlich zugewendet worden ist. Bei gutem Glauben des Sondernachfolgers[31]) beschränkt sich seine Haftung auf Herausgabe der Bereicherung (KO. § 40 Abs. 2).

c) Die Anfechtung muß gerichtlich (durch Klage, Widerklage, Einrede, Replik) erfolgen. Dies ist die Auffassung des Reichsgerichts[32]). Von anderer Seite[33]) wird die Meinung vertreten, daß die Anfechtung auch außergerichtlich entsprechend dem § 143 BGB. durch eine einseitige empfangsbedürftige Willenserklärung geltend gemacht werden könne. Die praktische Folge der Auffassung des Reichsgerichts ist, daß eine außergerichtliche Erklärung des Konkursverwalters gegenüber dem Anfechtungsgegner die Ausschlußfrist des § 41 KO. nicht wahren kann.

d) Für die Geltendmachung des Anfechtungsrechts ist eine Frist[34]) von einem Jahre, beginnend mit der Eröffnung des Konkursverfahrens, vorgeschrieben. Im Falle der Betrugspauliana ist die Anfechtung ausgeschlossen, wenn seit Vornahme der Handlung dreißig Jahre ver-

---

27) Nicht vom Gemeinschuldner, auch nicht von den Gläubigern.

28) Eine verbreitete Meinung, deren Gründe beachtenswert sind, nimmt das letztere an.

29) Aus dieser Auffassung folgt, daß in Anfechtungsstreitigkeiten sowohl der Gemeinschuldner als auch die einzelnen Gläubiger als Zeugen vernommen werden können. So RG. 29, 29.

30) Z. B. Käufer der Sache.

31) Der Universalsukzessor haftet auch bei gutem Glauben unbeschränkt.

32) RG. 19, 202; 52, 343; 58, 47; 62, 199; 79, 25; 95, 225.

33) Z. B. Kohler, Leitfaden § 21.

34) Die Frist ist eine Ausschlußfrist, jedoch sind die für die Verjährung geltenden Vorschriften der § 203, Abs. 2, § 207 BGB. für entsprechend anwendbar erklärt. KO. § 41 Abs. 1.

strichen sind, KO. § 41. Nach Fristablauf bleibt dem Konkursverwalter die Einrede aus dem Anfechtungsrecht[35]).

6. Wirkung der Anfechtung.

a) Was durch die anfechtbare Handlung aus dem Vermögen des Gemeinschuldners veräußert, weggegeben oder aufgegeben ist, muß zur Konkursmasse zurückgewährt werden, KO. § 37 Abs. 1. Es tritt mithin nicht etwa von Rechts wegen (ipso jure) eine Wiederherstellung des alten Zustandes ein, vielmehr eine schuldrechtliche Verpflichtung des Anfechtungsgegners auf Rückgewähr. Die Rückgewähr kann bestehen in Rücktradition, Rückzession, Rückauflassung, aber auch in Verzicht, Erlaß usw. Ist eine Rückgewähr in natura nicht möglich, so ist Ersatz in Geld zu leisten[36]).

b) Die Rückgewährpflicht ist in einem Falle zugunsten des gutgläubigen Erwerbers[37]) beschränkt. Der gutgläubige Empfänger einer unentgeltlichen Leistung (Schenkung) hat diese Leistung (das Geschenk) nur zurückzugewähren, wenn er den Gegenstand noch besitzt. Anderenfalls haftet er nur in Höhe seiner Bereicherung, KO. § 37 Abs. 2.

c) Gewährt der Empfänger einer anfechtbaren Leistung das Empfangene zurück, so tritt seine Forderung wieder in Kraft[38]), KO. § 39.

Ist die Gegenleistung noch in der Konkursmasse, so ist sie aus ihr zu erstatten. Ist die Konkursmasse um den Wert der Gegenleistung bereichert, so entsteht ein Anspruch auf Erstattung dieses Wertes aus der Masse als Masseanspruch[39]), KO. § 38, 59, Nr. 3.

7. Die rechtliche Natur der Anfechtung ist bestritten. Man unterscheidet zwei Theorien:

a) Die sog. Dinglichkeitstheorie[40]) stützt sich auf § 142 BGB., der bestimmt: „Wird ein anfechtbares Rechtsgeschäft angefochten, so ist es als von Anfang an nichtig anzusehen.“ Hieraus folgern die Anhänger dieser Lehre, daß auch die konkursrechtliche Anfechtung ex tunc rechtsvernichtend wirke. Dabei unterscheiden sie auf der einen Seite ein Anfechtungsrecht und, wenn dies ausgeübt wird, auf der anderen Seite die mit der Vernichtung der angefochtenen Rechtshandlung verbundenen weiteren Rechte. Hat z. B. der Gemeinschuldner Eigentum übertragen, so würde er[41]) mit der Anfechtung ohne weiteres wieder Eigentümer sein und die dingliche Klage auf Herausgabe seines Eigentums erheben können. Von diesem Hauptfall hat die Lehre den Namen. Diese Lehre wird jedoch gegenwärtig kaum noch anerkannt.

b) Die Theorie des schuldrechtlichen Anfechtungsanspruchs, d. h. eines Anspruchs auf Beseitigung der den Gläubigern nachteiligen Folgen der anfechtbaren Rechtshandlungen. Danach begründet die Anfechtung nur schuldrechtliche Forderungen auf Rückgängigmachung

---

[35]) Zu vgl. RG. 56, 315; 62, 200; 84, 227.

[36]) Zu vgl. RG. 9, 72; 10, 10; 30, 88; 58, 107; 62, 49; 106, 167.

[37]) Der von den Anfechtungstatsachen keine Kenntnis hat. Grobfahrlässige Unkenntnis schließt den guten Glauben aus.

[38]) D. h. der alte Zustand wird nach beiden Seiten wieder hergestellt.

[39]) Ist der Gegenstand oder dessen Wert nicht mehr in der Konkursmasse, so besteht für den Anfechtungsgegner nur eine Konkursforderung, KO. § 38 Satz 2. Dies ist auffällig, weil hier der Anspruch erst nach Konkurseröffnung entstanden ist.

[40]) Vertreter: Hellmann, Hellwig, v. Tuhr usw.

[41]) Nach Konkurseröffnung die Masse.

der Wirkungen der angefochtenen Rechtshandlung[42]). Diese Theorie entspricht den Vorschriften der KO. und wird von der Rechtsprechung sowie der großen Mehrzahl der Theoretiker als richtig anerkannt.

c) Die Rückgewährpflicht ist nach der KO. ein Schuldverhältnis eigener Art, das in dem Gesetz (der KO.) seine Grundlage hat[43]). Erklärungsversuche als deliktische oder quasideliktische bzw. kondiktionsartige Forderungen sind abzulehnen.

§ 11.

Beendigung des Konkurses[1]).

1. Allgemeines.

a) Der Konkurs wird beendet: durch Aufhebung nach Verteilung der Masse (KO. § 163 Abs. 1), durch Einstellung des Verfahrens (KO. §§ 202, 204) und durch Zwangsvergleich (KO. §§ 173—201).

b) Die Wirkungen der Konkursbeendigung sind folgende:

Der Gemeinschuldner erhält die Befugnis zur Verwaltung und Verfügung über sein Vermögen zurück, aber in dem Rechtszustand, den es im Laufe des Konkursverfahrens angenommen hat[2]).

Die nicht oder nicht vollständig befriedigten Konkursgläubiger können ihre Forderungen, soweit sie nicht befriedigt sind, nunmehr gegen den früheren Gemeinschuldner unbeschränkt und gesondert verfolgen[3]), aber auch hier mit den Veränderungen, die sie im Laufe des Verfahrens erhalten haben[4]), KO. § 164 Abs. 1. Ferner gelten alle diese Forderungen als rechtskräftige und vollstreckbare Forderungen, wenn sie im Konkurs festgestellt und vom Gemeinschuldner nicht rechtzeitig bestritten sind[5]) (KO. § 164 Abs. 2, 3).

Eine Ausnahme von diesem Grundsatz gilt nur beim Zwangsvergleich für Konkursgläubiger[6]).

2. Zwangsvergleich[7]).

a) Der Zwangsvergleich (Konkordat, Akkord, Zwangsakkord usw.) ist ein dem Konkursrecht eigentümlicher, der Bestätigung des Konkursgerichts bedürfender Vergleich zwischen Gemeinschuldner und den nichtbevorrechtigten Konkursgläubigern über eine von der konkursmäßigen Verteilung der Masse abweichende — in der Regel für beide Teile günstigere — Befriedigung der Gläubiger (KO. §§ 173, 174).

Der Zwangsvergleich will den Konkursgläubigern, aber auch dem Gemeinschuldner gewisse Vorteile bieten, die bei normaler Durchführung des Konkurses fehlen. Die Gläubiger erhalten durch einen Zwangsvergleich schnellere, in der Regel auch eine höhere Befriedi-

---

[42]) Die Anfechtung führt nicht rückwirkend eine Nichtigkeit der angefochtenen Rechtshandlung herbei, sie wirkt nur für die Zukunft.

[43]) Sobald die gesetzlichen Voraussetzungen erfüllt sind.

[1]) Das formelle Verfahren bei Beendigung des Konkurses wird unten S. 197 erörtert.

[2]) So ist der Gemeinschuldner an die Rechtsveränderungen gebunden, die der Konkursverwalter im Rahmen seiner Befugnisse vorgenommen hat.

[3]) Grundsatz der freien Nachforderung.

[4]) Z. B. die Umwandlung betagter Forderungen in fällige, der Individualforderungen in Geldforderungen, der Ratenforderungen in Kapitalforderungen.

[5]) Der Tabelleneintrag gilt als Titel zur Zwangsvollstreckung. Die Vollstreckungsklausel erteilt der Urkundsbeamte des Konkursgerichts.

[6]) Näheres unter 2e.

[7]) Die formell-rechtlichen Vorschriften werden unten S. 199 behandelt.

gung, oft auch neue Sicherheiten für ihre Forderungen durch Dritte, die für den Gemeinschuldner eintreten. Der Gemeinschuldner gewinnt durch einen Zwangsvergleich — abgesehen von einer Herabsetzung seiner Schulden[8]) ohne Nachforderungen der Gläubiger — die Möglichkeit, rascher wieder an seinem wirtschaftlichen Aufbau zu arbeiten und die Geschäftsverbindungen mit den früheren Kunden und Lieferanten wieder anzuknüpfen. Zu diesen Vorteilen tritt die Ersparung von Kosten und Arbeit, die eine vorzeitige Beendigung des Konkurses im Gefolge hat.

b) Der Zwangsvergleich muß allen nichtbevorrechtigten Konkursgläubigern gleiche Rechte gewähren. Damit ist eine verschiedenartige Behandlung der Konkursgläubiger grundsätzlich verboten, z. B. die Zusicherung höherer Prozente oder günstigerer Bedingungen für einzelne oder eine Einzelgruppe von Gläubigern (Prinzip der Gleichbehandlung der Gläubiger). Eine ungleiche Bestimmung der Rechte ist nur mit Einwilligung der zurückgesetzten Gläubiger zulässig[9]), KO. § 181.

c) Der Zwangsvergleich soll den Gläubigern einen gewissen Mindestbetrag ihrer Forderungen, nämlich den fünften Teil (20 Prozent), gewähren. Wird weniger angeboten, so ist der Vergleich zu verwerfen, wenn das Mindergebnis auf unredlichem Verhalten des Gemeinschuldners beruht. Ist es auf Leichtsinn zurückzuführen, so kann der Vergleich verworfen werden[10]), KO. § 187.

d) Zum Abschluß des Zwangsvergleichs gehört auf seiten der Gläubiger eine doppelte Mehrheit. Einmal muß die Mehrzahl der im Vergleichstermin erschienen Gläubiger[11]) dem Vergleiche zustimmen. Zum anderen muß die Gesamtsumme der Forderungen der zustimmenden Gläubiger wenigstens drei Vierteile der Gesamtsumme aller zum Stimmen berechtigten Forderungen betragen[12]), KO. § 182.

e) Der Zwangsvergleich ist wirksam für und gegen alle nichtbevorrechtigten Konkursgläubiger, auch wenn sie nicht mitgestimmt oder gegen den Vergleich gestimmt oder an dem Konkursverfahren nicht teilgenommen haben. Darin besteht das besondere Wesen des Zwangsvergleichs, KO. § 193 Satz 1. Die Forderungen der nichtbevorrechtigten Konkursgläubiger werden ihrem Wesen nach nicht geändert[13]), wohl aber ihrem Inhalt nach (herabgesetzt, gestundet, sichergestellt). Soweit ein Gläubiger keine volle Befriedigung erhalten hat, bleibt — im Gegensatz zur normalen Beendigung des Verfahrens — keine klagbare Nachforderung, aber eine Naturalforderung (Anstandspflicht des Gemeinschuldners)[14]) bestehen.

Unberührt durch den Zwangsvergleich bleiben Aussonderungs-, Absonderungsrechte, Masseansprüche und bevorrechtigte Konkursforderungen. Dies ergibt sich daraus, daß der Zwangs-

---

[8]) Oder Stundung der Zahlung.

[9]) Andere Sonderabkommen sind nichtig, KO. § 181 Satz 3.

[10]) Näheres unten bei Erörterung des Verfahrens S. 199.

[11]) Ohne Rücksicht auf die Höhe ihrer Forderungen.

[12]) Bei den Mehrheitsberechnungen wird die Stimme des Ehegatten des Gemeinschuldners ausgeschaltet, wenn er für den Vergleich stimmt, KO. § 183.

[13]) Nicht noviert.

[14]) Freiwillige Zahlung gilt nicht als Schenkung.

vergleich nur gegenüber nichtbevorrechtigten Konkursgläubigern wirkt. Unberührt bleiben aber auch die Rechte der Gläubiger gegen Bürgen oder Mitschuldner, ferner die Rechte aus einem für die Forderung bestehenden Pfandrecht, aus einer für sie bestehenden Hypothek, Grundschuld oder Rentenschuld oder aus einer zu ihrer Sicherung eingetragenen Vormerkung[15]), KO. § 193 Satz 2.

Der Zwangsvergleich ist ferner wirksam gegenüber Vergleichsgaranten, d. h. Personen, die in dem Vergleiche für dessen Erfüllung neben dem Gemeinschuldner ohne Vorbehalt der Vorausklage[16]) Verpflichtungen übernommen haben (z. B. Vergleichsbürgen), KO. § 194.

f) Der Zwangsvergleich ist unzulässig: solange der Gemeinschuldner flüchtig ist oder die Ableistung des Offenbarungseides verweigert, wenn er wegen betrügerischen Bankerotts in Untersuchung oder verurteilt ist, KO. § 175.

Ausgeschlossen ist der Zwangsvergleich auch bei Genossenschaften[17]) und bei Versicherungsvereinen auf Gegenseitigkeit[18]).

g) Eine Anfechtung des vergleichsmäßigen Erlasses einer Forderung ist statthaft, wenn der Zwangsvergleich durch Betrug zustande gebracht ist. Zu dieser Anfechtung ist jeder einzelne Gläubiger befugt. Die Anfechtung hat nur die Wirkung, daß die Beschränkung der Forderung des Gläubigers aufgehoben wird; der Zwangsvergleich selbst bleibt bestehen, KO. § 196.

h) Die rechtskräftige Verurteilung des Gemeinschuldners wegen betrüglichen Bankerotts hebt von Rechts wegen für alle Gläubiger[19]) den durch den Zwangsvergleich begründeten Erlaß auf[20]), KO. § 197.

i) Die rechtliche Natur des Zwangsvergleichs ist bestritten. Es werden drei verschiedene Meinungen vertreten. Die einen nehmen an, der Zwangsvergleich sei ein Vergleich im Sinne des § 779 BGB. (sog. Vertragstheorie)[21]). Dagegen spricht, daß der Zwangsvergleich auch Personen bindet, die gegen den Vergleich gestimmt haben. Andere sehen in dem Zwangsvergleich einen richterlichen Gestaltungsakt, dessen Kern die gerichtliche Bestätigung bildet (sog. Urteilstheorie)[22]). Dagegen spricht, daß die Tätigkeit der Parteien (Vorschlag des Gemeinschuldners und Annahme der Gläubiger) zu wenig berücksichtigt werden. Es bleibt die dritte Theorie, die Theorie des publizistischen Rechtsgeschäfts, die auch als Theorie des zusammengesetzten Aktes bezeichnet wird. Hiernach ist der Zwangsvergleich ein spezifisch konkursrechtlicher Akt, der in besonderen öffentlich-rechtlichen Formen durch das Zusammenwirken

---

[15]) Trotz des teilweisen Erlöschens der Hauptforderung bleiben die dinglichen oder sonstigen Sicherheiten bestehen. Denn sie dienen gerade zum Schutz des Gläubigers für den Fall des Vermögensverfalls des Schuldners.

[16]) Der Vorbehalt muß ausdrücklich erklärt sein.

[17]) Die Vergleichsordnung läßt im Genossenschaftskonkurs den Vergleich zu (§ 91 VerglO.). Im übrigen vgl. Ges. betr. die Erwerbs- u. Wirtschaftsgenossenschaften v. 1. Mai 1889 i. d. F. v. 20. Mai 1898 § 116 Abs. 1.

[18]) Versicherungsaufsichtsges. v. 6 Juni 1931 § 52 Abs. 2.

[19]) Generelle Unwirksamkeit nach KO. § 197.

[20]) Unbeschadet der ihnen durch den Vergleich gewährten Rechte.

[21]) So namentlich E. Jaeger, a. a. O. S. 139, auch RG. 77 S. 404, 92 S. 187.

[22]) A. S. Schultze, Konkursrecht S. 114ff.

dreier Faktoren (Gemeinschuldner, Gläubiger, Gericht) zustande kommt.

k) Über den Vergleich zur Abwendung des Konkurses[23]) wird unten[24]) näher zu handeln sein.

III. Abschnitt.

Konkursverfahren.

§ 12.

Die Konkursorgane.

A. Konkursgericht.

1. Für das Konkursverfahren ist das Amtsgericht[1]) ausschließlich zuständig, bei dem der Gemeinschuldner zur Zeit des Eröffnungsantrags seine gewerbliche Niederlassung hat, d. h. eine Geschäftsstelle, die zum unmittelbaren Abschluß von Geschäften für die Fabrik, die Handlung oder das Gewerbe des Gemeinschuldners ermächtigt ist[2]). Fehlt es an einer gewerblichen Niederlassung, so ist das Amtsgericht zuständig, bei dem der Gemeinschuldner zur Zeit des Eröffnungsantrags seinen allgemeinen Gerichtsstand[3]) hat, KO. § 71 Abs. 1[4]).

Sind hiernach mehrere Gerichte zuständig (z. B. wenn der Schuldner mehrere Niederlassungen oder Wohnsitze hat), so entscheidet die Priorität des Eröffnungsantrags, KO. § 71 Abs. 2.

2. Aufgaben des Konkursgerichts. Das Konkursgericht hat die Aufgabe eines über den Parteien stehenden obrigkeitlichen Organs, das den Konkurs eröffnet, die Durchführung beaufsichtigt und schließlich aufhebt oder einstellt. Das Konkursgericht hat die Verantwortung für die ordnungsmäßige Durchführung des Konkurses[5]).

Für die Erfüllung seiner Aufgabe schreibt das Gesetz eine Reihe von Obliegenheiten vor, bei welchen das Konkursgericht in weitem Umfang von Amts wegen tätig sein muß. Es bestellt den Konkursverwalter, führt die Aufsicht über dessen Verwaltung, kann von ihm Berichte einfordern, die Kassen- und Buchführung prüfen, bei Pflichtwidrigkeiten einschreiten, den Konkursverwalter in Ordnungsstrafe nehmen, ja ihn absetzen; es prüft die angemeldeten Forderungen, beruft

---

[23]) Vergleichsordnung v. 5. Juli 1927.

[24]) S. 205.

[1]) Der Einzelrichter, nicht ein Kollegialgericht.

[2]) ZPO. § 21 Abs. 1.

[3]) Der allgemeine Gerichtsstand wird durch §§ 13—19 ZPO. bestimmt (Wohnsitz bzw. Sitz der Verwaltung oder der zur Vertretung bestimmten Behörde, eventuell Aufenthalt im Deutschen Reiche, eventuell letzter Wohnsitz).

[4]) Fehlt es an einem allgemeinen Gerichtsstand des Schuldners im Deutschen Reichund liegt kein Spezialfall des Inlandskonkurses nach § 238 KO. vor, so ist nur Einzelvollstreckung in das Inlandsvermögen zulässig.

[5]) Seine Stellung ist mit der des Vormundschaftsgerichts zu vergleichen.

und leitet die Gläubigerversammlung, genehmigt Rechtsgeschäfte, Verteilungen, Zwangsvergleiche, und entscheidet teils auf Anrufen, teils von Amts wegen[6]).

Dagegen verwaltet das Konkursgericht nicht selbst die Masse, es nimmt auch nicht die Verwertung und Verteilung der Masse selbst vor; es entscheidet auch nicht über bestrittene Forderungen[7]).

3. Die Verhandlungen des Konkursgerichts werden teils durch Niederschriften (Protokolle), teils durch Eintragung in eine Tabelle (die Konkurstabelle) beurkundet. Die Verhandlungen des Konkursgerichts werden in Konkursakten zusammengefaßt.

B. Konkursverwalter.

1. Der Konkursverwalter wird bei Eröffnung des Verfahrens von dem Konkursgericht ernannt, KO. § 78 Abs. 1, § 110. Statt des Ernannten können die Konkursgläubiger in der nächsten Gläubigerversammlung (dem sog. Wahltermin) eine andere Person vorschlagen[8]). Das Konkursgericht kann jedoch die Ernennung des Vorgeschlagenen versagen[9]), KO. § 80.

Mehrere Konkursverwalter können bestellt werden, wenn die Verwaltung mehrere Geschäftszweige umfaßt (z. B. ein Handelsgeschäft, eine Fabrik, ein Landgut). Jeder von ihnen ist in seiner Geschäftsführung selbständig, KO. § 79.

Eine Verpflichtung zur Annahme des Konkursverwalteramts besteht nicht.

2. Bei Auswahl des Konkursverwalters ist das Konkursgericht frei[10]). Fähig zur Übernahme des Amts als Konkursverwalter sind alle geschäftsfähigen Personen (auch Frauen), nur nicht der Gemeinschuldner, der von Gesetzes wegen die Verfügung über die Masse verliert. Untauglich sind Personen, denen die bürgerlichen Ehrenrechte aberkannt sind[11]).

3. Eine förmliche Verpflichtung des Konkursverwalters ist gesetzlich nicht vorgeschrieben. Der Konkursverwalter erhält zu seiner Legitimation eine urkundliche Bescheinigung über seine Ernennung (Bestallung), KO. § 81 Abs. 2[12]). Der Name des Konkursverwalters ist öffentlich bekanntzumachen, KO. §§ 76, 81.

4. Der Konkursverwalter hat die Aufgabe, die Masse festzustellen, zu verwalten und zu verteilen. Dabei haftet er nicht nur dem Gemeinschuldner, sondern auch allen sonst Beteiligten (Konkursgläubigern, Aus- und Absonderungsberechtigten, Massegläubigern) unmittelbar, und zwar für jedes (auch leichtes) Verschulden, KO. § 82. Der Konkursverwalter hat auch alle die Pflichten zu erfüllen, die dem Gemeinschuldner nach Steuerrecht auferlegt sind. Verletzt er diese Pflichten schuldhaft (vorsätzlich oder fahrlässig), so haftet er nach § 90 R.Abg.O. persönlich.

Der Konkursverwalter steht unter Aufsicht des Konkursgerichts. Das Konkursgericht kann ihm gegenüber Gebote oder Verbote erlassen, Ordnungsstrafen[13]) gegen ihn festsetzen, ihn auch seines Amts entlassen, KO. §§ 83, 84.

---

[6]) Von den Aufgaben des Konkursgerichts sind zu unterscheiden die Aufgaben, die das Amtsgericht, „bei welchem das Konkursverfahren anhängig ist", zu verrichten hat (zu vgl. § 125, § 146 Abs. 2, § 164 Abs. 3, § 206 KO.).

[7]) Die Entscheidung solcher Streitigkeiten ist Sache der ordentlichen Gerichte.

[8]) Das Gesetz sagt „wählen".

[9]) Dagegen sofortige Beschwerde (KO. § 73 Abs. 3).

[10]) Das Konkursgericht kann daher je nach Lage des Falles eine kaufmännisch oder technisch oder auch juristisch geschulte Person auswählen. Vielfach sind private Berufsverwalter vorhanden.

[11]) StGB. § 34 Nr. 6, Art. 34 I EG. BGB.

[12]) Die Bestallung ist bei Beendigung des Amts dem Gericht zurückzugeben, § 81 Abs. 2.

[13]) Bis 1000 RM. VO. über Vermögensstrafen u. Bußen v. 6. Februar 1924, ferner § 2 der 2. VO. zur Durchführung des Münzges. v. 12. Dezember 1924.

Die Geschäftsführung des Konkursverwalters wird ferner durch die Konkursgläubiger überwacht. Zu gewissen, besonders wichtigen Verwaltungshandlungen ist die Entscheidung oder Genehmigung der Gläubigerversammlung, des Gläubigerausschusses oder die Ermächtigung des Konkursgerichts einzuholen[14]).

Auf Beschluß der Gläubigerversammlung hat der Konkursverwalter ihr oder dem Gläubigerausschuß Bericht über seine Tätigkeit zu erstatten[15]) und Rechnung zu legen, KO. § 132 Abs. 2.

Im übrigen — d. h. soweit keine gesetzlichen Schranken bestehen — ist jedoch der Konkursverwalter in der Durchführung seiner Aufgaben grundsätzlich selbständig.

5. Der Konkursverwalter hat Anspruch auf Vergütung für seine Tätigkeit sowie auf Erstattung angemessener barer Auslagen. Beides wird durch das Konkursgericht festgesetzt[16]), KO. § 85.

6. Beendigung des Amts. Abgesehen von Tod oder nachträglich eingetretener Unfähigkeit[17]) endet das Amt des Konkursverwalters in der Regel mit Beendigung seiner Aufgaben. Doch kennt das Gesetz auch eine vorzeitige Entlassung des Konkursverwalters durch das Konkursgericht, KO. § 84.

Der Konkursverwalter hat bei Beendigung seines Amts einer Gläubigerversammlung Schlußrechnung zu legen. Die Rechnung gilt als anerkannt, wenn in dem Termine Einwendungen nicht erhoben werden, KO. § 86.

7. Die rechtliche Stellung des Konkursverwalters ist sehr bestritten. Man kann zwei Gruppen von Lehrmeinungen unterscheiden: die Vertretungstheorien und die Amtstheorie.

a) Die Vertretungstheorie kommt in verschiedenen Schattierungen vor. Die einen nehmen an, der Konkursverwalter vertrete die Gläubiger, und zwar entweder die einzelnen (Hellmann) oder die Gesamtheit (Kohler, Seuffert, Planck). Andere nehmen an, er vertrete den Gemeinschuldner (A. S. Schultze). Wieder andere nehmen an, er vertrete die Gläubiger und den Gemeinschuldner zugleich (Dernburg). Endlich geht noch eine Lehrmeinung dahin, der Konkursverwalter vertrete den Gemeinschuldner in bezug auf die Masse[18]).

b) Diesen Auffassungen steht die Amtstheorie gegenüber. Danach bekleidet der Konkursverwalter ein konkursrechtliches Amt, aber kein öffentliches[19]), sondern ein privates Amt, wie der Vormund oder der Nachlaßverwalter. Seine Rechte und Pflichten sind durch das Gesetz bestimmt. Seine Ernennung, die Aufsicht über seine Geschäftsführung usw. sind in die Hand einer öffentlichen Behörde gelegt. Er erledigt seine Aufgaben nicht ausschließlich im Interesse des Gemeinschuldners oder der Gläubiger, sondern im öffentlichen Interesse zum Wohle aller Beteiligten. In manchen Fällen kommen auch Rechtshandlungen in Frage, bei denen die Vertretung einer

---

14) Zu vgl. §§ 129, 133, 134, 166, 169, 170 usw.

15) Die Gläubigerversammlung bestimmt die Zeiträume sowie die Form.

16) Diese Ausgaben gehören zu den Massekosten, § 58, Nr. 2.

17) Z. B. Geisteskrankheit.

18) Daneben ist noch die — offenbar abwegige — Lehre von Eccius und Völderndorff zu erwähnen, wonach der Konkursverwalter Vertreter der Konkursmasse als solcher (diese gewissermaßen als juristische Person gedacht) sei.

19) Er ist nicht öffentlicher Beamter (StGB. §§ 33, 34, 113, 331, 340, 359).

Person überhaupt nicht in Betracht kommen kann. Diese Lehre verneint jede Vertreterstellung des Konkursverwalters[20]).

Eine gewissermaßen vermittelnde Lehrmeinung geht dahin, daß der Konkursverwalter zwar ein Amt bekleide, aber, was die Konkursmasse betrifft, Vertreter des Gemeinschuldners bezüglich dieser Masse kraft seines Amtes[21]) sei. (So E. Jaeger.)

Ich schließe mich der Amtstheorie an. Daß es sich bei dem Konkursverwalter nach der Auffassung des Gesetzgebers um ein Amt handelt, geht aus verschiedenen Stellen des Gesetzes hervor, in welchen von dem „Amt"" des Konkursverwalters die Rede ist (z. B. § 84 Abs. 1, § 86).

C. Die Gläubigerversammlung.

1. Die Gläubigerversammlung ist das Hauptorgan der Konkursgläubiger zur Wahrung ihrer gemeinschaftlichen Interessen im Konkurse[22]), KO. §§ 93—99. Sie hat bei wichtigen Rechtshandlungen im Konkurse mitzuwirken, und zwar in verschiedener Weise (Erklärungen, Genehmigungen, Beschlüsse, Wahlen). So bei Feststellung der Konkursforderungen; bei der Wahl eines Gläubigerausschusses oder eines anderen als des vom Konkursgericht bestellten Konkursverwalters; bei Erklärungen in den Fällen, in denen ein „Anhören" der Gläubigerversammlung vorgeschrieben ist[23]); bei Genehmigung wichtiger Geschäfte des Konkursverwalters[24]); bei Beschlüssen über einzelne Maßnahmen[25]); bei Annahme eines Zwangsvergleichs[26]); bei Abnahme der Schlußrechnung des Konkursverwalters[27]).

2. Die Gläubigerversammlung wird durch das Konkursgericht berufen, KO. § 93. Das Konkursgericht entscheidet darüber, wann sie zu berufen ist. Sie muß berufen werden, wenn dies von dem Verwalter, dem Gläubigerausschuß oder von mindestens fünf Konkursgläubigern, deren Forderungen nach der Schätzung des Gerichts den fünften Teil der Schuldenmasse erreichen, beantragt wird, KO. § 93 Abs. 1; ferner in einer Reihe gesetzlich bestimmter Fälle (zu Wahl-, Prüfungs-, Vergleichs-, Schlußterminen)[28]).

Die Berufung erfolgt durch öffentliche Bekanntmachung unter Angabe von Zeit und Tagesordnung. Die öffentliche Bekanntmachung ersetzt die Zustellung an alle Beteiligte, KO. §§ 76, 98.

3. Verhandlung und Beschlußfassung.

a) Die Gläubigerversammlung wird von dem Gericht geleitet. Berechtigt zur Teilnahme an der Gläubigerversammlung sind: alle Konkursgläubiger, einerlei, ob bevorrechtigt oder nicht[29]), die Mitglieder des Gläubigerausschusses, der Konkursverwalter und der Gemeinschuldner.

---

[20]) So das RG. in ständiger Praxis und zahlreiche Schriftsteller, wie Oetker, Stein.

[21]) Nicht gewillkürter Vertreter, Bevollmächtigter, vielmehr gesetzlich aufgezwungener Vertreter.

[22]) Es gilt der Grundsatz der Selbstverwaltung.

[23]) Zu vgl. § 91. Es ist nur Gelegenheit zur Äußerung zu gewähren.

[24]) Zu vgl. §§ 134, 135 Abs. 2.

[25]) Z. B. darüber, ob dem Gemeinschuldner eine Unterstützung gewährt werden soll, wie oft der Konkursverwalter Bericht zu erstatten hat, über die Art der Quittungsleistung des Konkursverwalters usw., KO. §§ 132, 137.

[26]) KO. § 182.

[27]) KO. §§ 86, 162.

[28]) KO. §§ 86, 110, 162, 179.

[29]) Ihre Vertretung durch legitimierte Bevollmächtigte ist statthaft.

b) Stimmberechtigt sind alle Konkursgläubiger, deren Forderungen festgestellt sind, und zwar nach Maßgabe ihrer Forderungsbeträge, KO. § 94 Abs. 3. Bei streitigen Forderungen wird mit den Parteien erörtert, ob und zu welchem Betrage ein bleibendes Stimmrecht für sie zu gewähren ist. In Ermangelung einer Einigung entscheidet das Konkursgericht, KO. § 95 Abs. 1. Bei nicht geprüften Forderungen entscheidet auf Widerspruch eines Gläubigers oder des Konkursverwalters gleichfalls das Konkursgericht, KO. § 95 Abs. 2[30]). Dasselbe gilt für aufschiebend bedingte Forderungen und für Forderungen mit Absonderungsrecht hinsichtlich des mutmaßlichen Ausfalls, KO. § 96.

c) Die Beschlüsse der Gläubigerversammlung erfordern eine absolute Mehrheit der abgegebenen Stimmen. Nur für die Wahl der Mitglieder des Gläubigerausschusses genügt relative Mehrheit. Die Stimmenmehrheit wird nach Forderungsbeträgen berechnet. Bei Gleichheit der Summen entscheidet die Zahl der stimmenden Gläubiger[31]), KO. § 94 Abs. 3.

Die in der Gläubigerversammlung nicht erschienenen Gläubiger[32]) sind an die Beschlüsse gebunden, KO. § 97.

4. Veto des Gerichts. Das Konkursgericht hat zum Schutze der überstimmten Gläubiger die Ausführung eines Beschlusses zu untersagen, wenn der Beschluß den gemeinsamen Interessen der Konkursgläubiger widerspricht[33]). Vorausgesetzt wird, daß von dem Konkursverwalter oder einem überstimmten Gläubiger ein dahingehender Antrag in der Gläubigerversammlung gestellt wird[34]), KO. § 99.

D. Der Gläubigerausschuß.

1. Der Gläubigerausschuß ist das zweite Gemeinschaftsorgan der Gläubiger, eine leichter bewegliche Einrichtung, die dazu dient, die schwerfälligere Gläubigerversammlung zu entlasten[35]). Seine Einrichtung ist im Gegensatz zur Gläubigerversammlung fakultativ[36]). Er hat die Aufgabe, die Geschäftsführung des Konkursverwalters zu überwachen[37]) und zu unterstützen[38]), KO. § 88. Die Rechte und Pflichten des Gläubigerausschusses und seiner Mitglieder beruhen auf Gesetz und nicht etwa auf einem Mandat der Gläubiger. Der Gläubigerausschuß ist ein unabhängiges, selbständiges Hilfsorgan der Konkursverwaltung[39]).

2. Der Gläubigerausschuß ist entweder ein vorläufiger (provisorischer) oder ein endgültiger (definitiver). Der vorläufige Gläubigerausschuß tritt mit der ersten Gläubigerversammlung außer Wirksamkeit[40]).

---

30) Hier kein bleibendes (d. h. für alle folgenden Versammlungen geltendes) Stimmrecht, sondern nur Stimmrecht in einer Versammlung.

31) Summenmehrheit, bei gleicher Summe Kopfmehrheit. Anders beim Zwangsvergleich, KO. § 182.

32) Auch die überstimmten Gläubiger.

33) Das Konkursgericht entscheidet nach freiem Ermessen. So kann das Konkursgericht den Beschluß, ein lebensfähiges Geschäft des Gemeinschuldners zu schließen, hemmen.

34) Das Vetorecht kann nicht von Amts wegen geltend gemacht werden.

35) Zu vgl. KO. §§ 87, 134.

36) Nur bei dem Genossenschaftskonkurs obligatorisch (Gen.-Ges. § 103).

37) Er wirkt insofern wie ein Aufsichtsrat der Gläubiger.

38) Der Konkursverwalter kann zu seiner Entlastung den Rat des Gläubigerausschusses erbitten (allgemein).

39) Zu vgl. RG. 20, 109; 31, 119; 36, 368; 39, 384.

40) Falls er nicht von der Gläubigerversammlung als endgültiger Ausschuß bestätigt wird.

Die Mitglieder des Gläubigerausschusses bestimmt für den vorläufigen Ausschuß das Konkursgericht, für den endgültigen die Gläubigerversammlung mit einfacher Stimmenmehrheit. Für den vorläufigen Gläubigerausschuß sind die Mitglieder aus der Zahl der Gläubiger oder der Vertreter von Gläubigern zu entnehmen (KO. § 87 Abs. 1), für den endgültigen Gläubigerausschuß können Gläubiger, auch andere geschäftsfähige Personen gewählt werden[41]) (KO. § 87 Abs. 2). Eine bestimmte Zahl von Mitgliedern ist nicht vorgeschrieben[42]).

3. Der Wirkungskreis des Gläubigerausschusses ist gesetzlich umgrenzt[43]). Der Gläubigerausschuß kann sich über den Gang des Verfahrens unterrichten, Bücher und Schriften einsehen, er hat den Bestand der Kasse zu prüfen (mindestens monatlich einmal), er kann vom Gemeinschuldner Auskunft verlangen, vom Konkursverwalter Bericht, er hat Quittungen und Anweisungen gegenzuzeichnen, sich vielfach gutachtlich zu äußern, über Genehmigungen von Geschäften des Konkursverwalters (insbesondere Verteilungen) zu befinden, auch gewisse Beschlüsse zu fassen. Bei Durchführung dieser Aufgaben sind zu unterscheiden: Aufgaben, die der Ausschuß als solcher (als Kollegium), und Aufgaben, die seine einzelnen Mitglieder[44]) wahrzunehmen haben.

Die Mitglieder des Gläubigerausschusses sind für die Erfüllung der ihnen obliegenden Pflichten allen Beteiligten (auch dem Gemeinschuldner) verantwortlich[45]), KO. § 89.

4. Ein Beschluß des Gläubigerausschusses kommt zustande, wenn die Mehrheit der Mitglieder an der Beschlußfassung teilgenommen hat, und der Beschluß mit absoluter Mehrheit der abgegebenen Stimmen gefaßt ist, KO. § 90.

5. Rechte. Die Mitglieder des Gläubigerausschusses haben Anspruch auf eine Vergütung für ihre Geschäftsführung und Erstattung ihrer angemessenen baren Auslagen. Die Festsetzung erfolgt durch das Konkursgericht nach Anhörung der Gläubigerversammlung, KO. § 91.

6. Die Bestellung zum Mitgliede des Gläubigerausschusses kann widerrufen werden. Zum Widerruf berechtigt ist der Bestellende, d. h. beim vorläufigen Gläubigerausschuß das Konkursgericht, beim endgültigen die Gläubigerversammlung, KO. § 92.

§ 13.

Das Konkursverfahren im allgemeinen.

A. Allgemeine Vorschriften für das Verfahren.

1. Das Konkursverfahren ist eine Unterart des Zivilprozesses[1]). Für dieses Verfahren sind in erster Linie die Vorschriften der Konkursordnung maßgebend. Soweit diese nichts Abweichendes bestimmt, gelten die Vorschriften der Zivilprozeßordnung, KO. § 72. So sind aus der ZPO. zu entnehmen: die Vorschriften über Gerichtssprache, Ausschließung und Ablehnung von Gerichtspersonen, Prozeßfähigkeit, Vertretung und Beistandschaft, Leitung der

---

[41]) Selbstverständlich sind Gemeinschuldner und Konkursverwalter ausgeschlossen.

[42]) Naturgemäß müssen es mindestens drei Mitglieder sein, da KO. § 90 eine Stimmenmehrheit verlangt.

Die Bestellung von Ersatzmännern ist zulässig und zu empfehlen.

[43]) KO. §§ 84, 86—88, 92, 93, 100, 123, 129, 132—135, 137, 150, 159, 176—180, 184.

[44]) Aufgabe einzelner Mitglieder ist z. B. die Einsicht in die Bücher und Briefschaften des Verwalters, die Prüfung der Kasse, die Gegenzeichnung von Quittungen.

[45]) Sie haften auch für Fahrlässigkeit.

[1]) Der Konkurs gehört nicht der freiwilligen, sondern der streitigen Gerichtsbarkeit an.

Verhandlungen, Beweisaufnahmen, Mitwirkung der Urkundsperson der Geschäftsstelle, Sitzungspolizei, Berichtigung offenbarer Schreibfehler, Anspruch auf Abschriften aus den Akten (insbesondere der Konkurstabelle), Unzulässigkeit der Beschwerde nur über den Kostenpunkt, das Erfordernis eines neuen selbständigen Beschwerdegrunds für die weitere Beschwerde usw.

2. Die wichtigsten Abweichungen des Konkursverfahrens vom Zivilprozeß sind:

a) Offizialmaxime statt der für den Zivilprozeß geltenden Dispositionsmaxime. Das Konkursgericht kann von Amts wegen zur Aufklärung und Feststellung aller den Konkurs angehenden Verhältnisse die nötigen Ermittelungen, insbesondere die Vernehmung von Zeugen und Sachverständigen, anordnen, KO. § 75. Es kann Akten und Bücher beiziehen und darin Einsicht nehmen, Auskünfte und Berichte einfordern usw.

Für bestimmte wichtige Entscheidungen (z. B. Konkurseröffnung, Entlassung des Konkursverwalters, Veto gegen einen Beschluß der Gläubigerversammlung, Zwangsvergleich, Einstellung wegen Konkursverzichts) ist ein Antrag formelle Voraussetzung für die Tätigkeit des Konkursgerichts[2]).

b) Offizialbetrieb insofern, als das Konkursgericht die Termine sowie die Anmeldefrist und deren Bekanntmachung von Amts wegen zu bestimmen[3]) und alle Beschlüsse — auch die verkündeten — den Beteiligten von Amts wegen zuzustellen hat[4]).

c) Die Form der Entscheidungen des Konkursgerichts ist Beschluß oder Verfügung (nicht Urteil). Die Entscheidungen können ohne mündliche Verhandlung ergehen, KO. § 73 Abs. 1. Mündliche Verhandlungen sind im Konkurse nur fakultativ und haben nur informatorische Bedeutung. Die Beteiligten sind in gewissen Fällen mündlich oder schriftlich zu hören[5]). Die Abhaltung bestimmter Termine (Wahl-, Prüfungs-, Vergleichs-, Schlußtermin) sind im Konkurs vorgeschrieben, doch stellen sich diese Termine nicht als Streitverhandlungen im Sinne des Zivilprozesses dar.

d) Gegen die Entscheidungen des Konkursgerichts sind nicht die Rechtsmittel gegeben, die im Zivilprozeß gegen Urteile der Gerichte zugelassen sind (Berufung, Revision), vielmehr nur die sofortige Beschwerde[6]), soweit sie die KO. nicht ausdrücklich ausschließt[7]). Die Entscheidung des Beschwerdegerichts wird erst mit der Rechtskraft wirksam, das Beschwerdegericht kann jedoch die sofortige Wirksamkeit der Entscheidung anordnen[8]), KO. § 74.

e) Vielfach sind im Konkursverfahren öffentliche Bekanntmachungen vorgeschrieben. Diese erfolgen durch mindestens einmalige Einrückung in die hierzu bestimmten Blätter. Die Bekannt-

---

[2]) Zu vgl. KO. §§ 84, 99, 103, 173, 202.

[3]) KO. §§ 110, 162, 179.

[4]) KO. § 73 Abs. 2.

[5]) Zu vgl. KO. §§ 84, 95, 105, 121 Abs. 2, 127 Abs. 2, 184, 203, 208, 210, 217.

[6]) ZPO. § 577.

[7]) Zu vgl. KO. §§ 109, 163, 190.

[8]) Ist z. B. der Eröffnungsbeschluß vom Landgericht aufgehoben, so bleibt dieser doch so lange in Wirksamkeit, bis der Aufhebungsbeschluß rechtskräftig geworden ist. Schließt sich das Oberlandesgericht dem Konkursgericht an, so bleibt der Eröffnungsbeschluß endgültig bestehen. Dadurch wird ein unliebsamer Wechsel der Maßnahmen vermieden.

machung gilt als bewirkt mit dem Ablaufe des zweiten Tages nach Ausgabe des ersten Blattes. Das Gericht kann nach Belieben weitere Bekanntmachungen anordnen (z. B. Anschlag im Gericht, am Gemeindehaus, in der Börse). Die öffentliche Bekanntmachung gilt als Zustellung an die Beteiligten, KO. § 76.

f) Die neben der öffentlichen Bekanntmachung vorgeschriebenen Zustellungen können im Konkurs in vereinfachter Form („durch Aufgabe zur Post", im Gegensatz zur Zustellung „durch die Post")[9]) bewirkt werden, KO. § 77.

g) Die Gerichtsferien haben auf den Konkurs keinen Einfluß[10]).

B. Gliederung des Verfahrens.

Das Konkursverfahren zerfällt in folgende Abschnitte:

(1) Das Eröffnungsverfahren. Dieses umfaßt die Prüfung, ob die Voraussetzungen eines Konkurses gegeben sind, den Eröffnungsbeschluß und die diesen begleitenden Maßnahmen (Ernennung des Konkursverwalters, Bestimmung der Anmeldefrist, des Wahltermins und gegebenen Falles die Bestellung eines Gläubigerausschusses).

(2) Die Feststellung, Verwaltung und Verwertung des zur Befriedigung der Gläubiger dienenden Vermögens des Gemeinschuldners (der Teilungsmasse).

(3) Die Feststellung der Konkursforderungen (Anmeldung, Prüfung und Feststellung).

(4) Das Verteilungsverfahren, bestehend in Abschlagsverteilungen, Schlußverteilung und gegebenen Falles Nachtragsverteilungen.

(5) Der Abschluß des Konkursverfahrens (Aufhebung oder Einstellung des Konkurses). Dazu tritt das Verfahren bei Beendigung des Konkurses durch Zwangsvergleich.

§ 14.

Das Eröffnungsverfahren.

A. Vorbereitendes Verfahren und Eröffnungsbeschluß.

1. Sind die Voraussetzungen des Konkurses gegeben[1]), so kann der Konkurs eröffnet werden, KO. § 102 Abs. 1. Das Verfahren setzt formell einen Antrag[2]) voraus, KO. § 103 Abs. 1.

2. Antragsberechtigt sind:

a) jeder Gläubiger. Dieser hat seine Forderung und den Konkursgrund glaubhaft zu machen, KO. § 105 Abs. 1;

b) der Gemeinschuldner selbst[3]). Er hat ein Verzeichnis seiner Gläubiger und Schuldner sowie eine Vermögensübersicht einzureichen, KO. § 104.

Der Gemeinschuldner kann gegenüber einem Antrag der Gläubiger auf Konkurseröffnung seinerseits die Eröffnung des Vergleichsverfahrens zur Abwendung des Konkurses beantragen, Vergleichsordnung vom 5. Juli 1927 § 1 Abs. 3. Wird ein von dem Schuldner gestellter Antrag auf Eröffnung des Ver-

---

[9]) ZPO. §§ 175, 213.

[10]) GVG. i. d. F. v. 22. März 1924 § 202.

[1]) Zahlungsunfähigkeit bzw. Überschuldung.

[2]) Der Antrag kann schriftlich oder zu Protokoll der Geschäftsstelle erklärt werden, ZPO. § 496 Abs. 2.

[3]) Das Institut der Cessio bonorum ist beseitigt, EG. KO. § 4.

gleichsverfahrens abgelehnt, so ist zugleich über die Eröffnung des Konkurses zu entscheiden, Vergleichsordnung § 24 Abs. 1.

3. In einigen Fällen besteht eine Antragspflicht. Diese Pflicht, die während der Kriegs- und Übergangszeit eingeschränkt war[4]), ist durch Gesetz vom 25. März 1930 wiederhergestellt. Dabei ist diese Pflicht in den Fällen, in denen das gerichtliche Vergleichsverfahren zugelassen ist[5]), in eine Wahlpflicht dergestalt umgewandelt, daß entweder ein Antrag auf Eröffnung des Konkurses oder des gerichtlichen Vergleichsverfahrens gestellt wird. Eine solche Pflicht ist vorgeschrieben für Organe handelsrechtlicher Körperschaften[6]), Organe juristischer Personen bei Überschuldung[7]) und für Erben, Testamentsvollstrecker usw. bei Nachlaßüberschuldung[8]).

4. In einigen Sonderfällen — bei Konkurs einer Versicherungsaktiengesellschaft und eines Versicherungsvereins a. G. — geht das Antragsrecht auf die Aufsichtsbehörde über[9]).

5. Das Konkursgericht prüft von Amts wegen, ob die Voraussetzungen in formeller und in materieller Beziehung erfüllt sind. Zu diesem Zwecke ist der Gemeinschuldner zu hören[10]), auch sind von Amts wegen die erforderlichen Ermittelungen anzuordnen, KO. § 105 Abs. 2.

6. Einstweilige Anordnungen (präparatorisches Verfahren). Schon vor der Entscheidung über den Antrag können vorläufige Sicherungsmaßregeln getroffen werden. So die zwangsweise Vorführung des Schuldners, Siegelungen, Eintragung von Sperrvermerken, Hinterlegung von Geld und Wertpapieren, Verhaftung des Schuldners, Erlaß eines allgemeinen Veräußerungsverbots an den Schuldner, überhaupt „alle zur Sicherung der Masse dienenden einstweiligen Anordnungen", KO. § 106.

7. Die Entscheidung des Konkursgerichts, die in Beschlußform ergeht, hat zum Inhalt entweder die Abweisung des Antrags oder die Eröffnung des Konkurses.

a) Der Antrag ist abzuweisen, wenn die formellen oder die materiellen Voraussetzungen für die Konkurseröffnung fehlen. Im ersteren Fall ist der Antrag als unzulässig abzuweisen, z. B. wenn das angegangene Gericht unzuständig oder der Antragsteller prozeßunfähig oder ein Konkurs anderweit rechtshängig ist. Im anderen Fall (wenn z. B. ein Konkursgrund fehlt) wird der Antrag als unbegründet abzuweisen sein.

Der Antrag ist auch bei Unzulänglichkeit der Masse abzuweisen, d. h. wenn nach dem Ermessen des Gerichts die Konkurs-

---

[4]) Zu vgl. VO. v. 8. August 1914, 28. April 1920 i. d. F. v. 24. Dezember 1922, 28. Dezember 1923.

[5]) Das Vergleichsverfahren ist unzulässig für aufgelöste Kapitalgesellschaften und Genossenschaften. Die Liquidatoren haben also stets die Konkursantragspflicht. Unzulässig ist das Vergleichsverfahren auch beim Nachlaß nach § 92 Nr. 3 Vergl.O., ebenso bei beaufsichtigten Versicherungsunternehmungen (Vergl.O. § 94).

[6]) HGB. §§ 240, 241, 249, 289, 315, 320, 325; Ges. betr. G. m. b. H. §§ 43, 64, 71, 84; Gen.-Ges. §§ 34, 99, 118, 140, 142, 148.

[7]) BGB. §§ 42, 48, 53, 86, 88, 89.

[8]) BGB. §§ 1980, 1985.

[9]) Näheres unten S. 203.

[10]) Die Anhörung kann unterbleiben, wenn eine öffentliche Zustellung oder Zustellung im Auslande erforderlich wird. In solchem Falle ist, soweit tunlich, ein Vertreter oder Angehöriger des Schuldners zu hören, KO. § 105 Abs. 3.

Der Schuldner kann in diesem Falle auch die Eröffnung des gerichtlichen Vergleichsverfahrens beantragen (Vergl.O. § 1 Abs. 3 § 31).

masse nicht einmal die Kosten des Verfahrens decken würde[11]), KO. § 107[12]).

b) Eine Aussetzung der Entscheidung über den Antrag, die Kraft Gesetzes eintritt[13]), findet statt, wenn ein Antrag auf Eröffnung des Vergleichsverfahrens gestellt ist. Die Aussetzung dauert so lange, bis die Entscheidung, die das Vergleichsverfahren beendet, rechtskräftig geworden ist, Vergleichsordnung vom 5. Juli 1927 § 31.

c) Wird der Konkurs eröffnet, so hat der Eröffnungsbeschluß die Stunde der Eröffnung anzugeben. Ist dies versäumt, so gilt als Zeitpunkt der Eröffnung die Mittagsstunde des Tages, an dem der Beschluß erlassen ist, KO. § 108.

B. Die konkursleitenden Maßnahmen.

1. Das Konkursgericht hat gleichzeitig mit dem Eröffnungsbeschluß eine Reihe von Maßnahmen zu treffen, die den weiteren Gang des Verfahrens einleiten.

a) Es ernennt den Konkursverwalter, KO. § 110 Abs. 1.

b) Es kann einen vorläufigen Gläubigerausschuß bestellen, KO. § 87 Abs. 1.

c) Es beruft die Gläubigerversammlung zu dem ersten Termin (dem sog. Wahltermin). Dieser Termin[14]) ist bestimmt: zur Beschlußfassung über die Wahl eines anderen Konkursverwalters sowie über Bestellung eines Gläubigerausschusses (KO. § 110 Abs. 1), zur Beschlußfassung über eine dem Gemeinschuldner und dessen Familie zu gewährende Unterstützung, über Schließung oder Fortführung des Geschäfts, über Hinterlegung und Anlegung von Geldern und Wertpapieren sowie über die spätere Art und Weise der Berichterstattung und Rechnungslegung des Verwalters (KO. § 132); ferner zum Bericht des provisorisch bestellten Konkursverwalters über die Geschäftslage (KO. § 131).

d) Es erläßt den offenen Arrest (KO. § 110). Dieser besteht einerseits aus dem Verbot an die Personen, die eine zur Konkursmasse gehörige Sache im Besitz haben oder zur Konkursmasse etwas schuldig sind, „nichts an den Gemeinschuldner zu verabfolgen oder zu leisten", anderseits aus dem Gebot, innerhalb einer bestimmten Frist von dem Besitz der Sache und von Forderungen, für die abgesonderte Befriedigung beansprucht wird, dem Konkursverwalter Anzeige zu machen (KO. § 118).

e) Es bestimmt die Anmeldefrist, d. h. die Frist, innerhalb welcher die Konkursforderungen anzumelden sind (KO. § 138).

f) Es bestimmt den allgemeinen Prüfungstermin (KO. § 138).

Prüfungs- und Wahltermin können bei geringer Masse und Gläubigerzahl verbunden werden. Das gleiche gilt, wenn der Gemeinschuldner einen Zwangsvergleich vorgeschlagen hat (KO. § 110 Abs. 2).

2. Veröffentlichungen und Bekanntgaben.

---

[11]) Die Abweisung unterbleibt, wenn etwa ein ausreichender Geldbetrag vorgeschossen werden sollte, KO. § 107.

[12]) Wegen Führung einer sog. schwarzen Liste vgl. KO. § 107 Abs. 2.

[13]) Eines gerichtlichen Beschlusses bedarf es nicht.

[14]) Der nicht über einen Monat hinauszusetzen ist, KO. § 110.

a) Die Formel des Eröffnungsbeschlusses, der offene Arrest, der Name des Konkursverwalters, die Anmeldefrist und die Termine werden von der Geschäftsstelle des Konkursgerichts[15]) öffentlich[16]) bekanntgemacht, KO. §§ 81, 111.

An die ihrem Wohnort nach bekannten Gläubiger und Schuldner des Gemeinschuldners erfolgt besondere Zustellung, KO. § 111 Abs. 3.

b) Mitteilung von der Konkurseröffnung erhält: das Grundbuchamt zwecks Eintrags eines Sperrvermerks (KO. §§ 113—115), die Registerbehörde (Handels-, Genossenschafts-, Vereins-, Güterrechts-, Schiffsregister usw.) sowie die Dienstbehörde, falls der Gemeinschuldner ein Beamter ist (KO. § 112)[17]).

§ 15.

Weiteres Verfahren bis zur Verteilung.

1. Feststellung, Verwaltung und Verwertung der Teilungsmasse.

a) Die nächste Aufgabe des Konkursverwalters ist die Ermittelung (Feststellung) der Teilungsmasse und das Ausscheiden der Teile aus dem Vermögen des Gemeinschuldners, die nicht zur Konkursmasse gehören. Hierzu bieten Handhaben der offene Arrest (KO. § 118), die Forderung des Offenbarungseides vom Gemeinschuldner (KO. § 125) und die Postsperre (KO. § 121).

b) Das als zur Konkursmasse gehörig ermittelte Vermögen des Gemeinschuldners hat sodann der Konkursverwalter in Besitz und Verwaltung zu nehmen (KO. § 117). Zur Sicherung der Masse dienen Siegelungen (KO. § 122 Abs. 1), Schließung der Geschäftsbücher durch den Urkundsbeamten der Geschäftsstelle (KO. § 122 Abs. 2), Hinterlegung von Geld, Wertpapieren und Kostbarkeiten[1]) (KO. § 129 Abs. 2, § 137), Inventarisierung der Masse und Aufstellung einer Bilanz (KO. §§ 123, 124).

c) Die Verwaltung der Masse erfolgt durch den Konkursverwalter nach dem Grundsatze der Selbstverwaltung. Der Konkursverwalter ist nur in bestimmtem Umfange in seiner Verwaltungstätigkeit beschränkt, indem er gewisse wichtige Geschäfte nicht ohne Genehmigung[2]) des Konkursgerichts, des Gläubigerausschusses oder der Gläubigerversammlung vornehmen darf (KO. §§ 129, 133, 134). Das Konkursgericht kann auch beabsichtigte Rechtshandlungen untersagen (KO. § 135). Die Verwaltung muß eine ordnungsmäßige sein (zu vgl. KO. § 82).

d) Die Verwertung (sog. Versilberung) der Masse liegt dem Konkursverwalter ob. Er hat hierbei grundsätzlich freie Hand. Doch

---

[15]) VO. v. 30. November 1927 (RGBl. 1927 S. 334).

[16]) KO. § 76. Auszugsweise auch in dem Deutschen Reichsanzeiger, KO. § 111 Abs. 2.

[17]) Wird das Konkursverfahren aufgehoben, so erfolgen entsprechende Bekanntgaben, KO. § 116.

[1]) Dies kann auch bei einer Bank geschehen.

[2]) Rechtshandlungen, die der Konkursverwalter ohne die erforderliche Genehmigung gegenüber dritten Personen vorgenommen hat, bleiben gültig. Das Erfordernis der Genehmigung betrifft nur den inneren Geschäftsgang (KO. § 136). Der Konkursverwalter macht sich nur schadensersatzpflichtig (KO. § 82).

bestehen eine Reihe von Einschränkungen. Untersagt sind Schenkungen aus der Masse (mit Ausnahme von gebräuchlichen Gelegenheitsgeschenken); die Gewährung des notdürftigen Unterhalts an den Gemeinschuldner und seine Familie ist an die Zustimmung des Konkursgerichts oder des Gläubigerausschusses bzw. Gläubigerversammlung gebunden[3]); die Geschäftsbücher des Gemeinschuldners dürfen nur mit dem Geschäft im ganzen und nur insoweit veräußert werden, als sie zur Fortführung des Geschäftsbetriebs unentbehrlich sind[4]). Ist der Gemeinschuldner Vorerbe[5]), so darf der Verwalter die zur Erbschaft gehörigen Gegenstände nicht veräußern, soweit die Veräußerung das Recht des Nacherben vereiteln oder beeinträchtigen würde[6]). Ferner bedürfen gewisse wichtige Veräußerungen der Genehmigung, sei es des Gläubigerausschusses oder der Gläubigerversammlung. So die Veräußerung von Immobilien aus freier Hand[7]), die Veräußerung des Geschäfts oder Warenlagers des Gemeinschuldners im ganzen oder des Rechts auf wiederkehrende Leistungen[8]), der vorzeitige[9]) Verkauf von Mobilien[10]), die Veräußerung von Forderungen im Wert von mehr als 300 RM.[11]).

2. Anmeldung, Prüfung und Feststellung der Konkursforderungen.

a) Die Konkursgläubiger haben, wenn sie am Konkurse teilnehmen wollen, ihre Forderung innerhalb der Anmeldefrist bei dem Konkursgericht anzumelden[12]), und zwar nach Betrag[13]) mit Nebenforderungen, Grund und etwaigem Vorrecht, KO. §§ 12, 138, 139. Auch rechtskräftig festgestellte oder noch rechtshängige Forderungen bedürfen der Anmeldung. Dies gilt für bevorrechtigte und nichtbevorrechtigte Konkursgläubiger. Die Anmeldung wirkt insofern wie eine Klageerhebung, als sie die Verjährung des Anspruchs unterbricht[14]). Der Anmeldung sind die Beweisstücke in Urschrift oder Abschrift beizufügen, KO. § 139. Die Anmeldungen sind in der Geschäftsstelle zur Einsicht der Beteiligten niederzulegen, KO. § 140 Abs. 1.

b) Die Anmeldefrist wird vom Konkursgericht bei Konkurseröffnung bestimmt, KO. § 110. Sie beträgt zwei Wochen bis drei Monate, KO. § 138. Die Anmeldefrist ist keine Präklusivfrist; Nachzügler können — bei gewissen Rechtsnachteilen[15]) — auch später noch berücksichtigt werden.

---

[3]) KO. § 58 Nr. 3, § 129 Abs. 1, § 132 Abs. 1.
[4]) KO. § 117 Abs. 2.
[5]) Auch befreiter Vorerbe (BGB. § 2136).
[6]) KO. § 128.
[7]) KO. § 134 Nr. 1.
[8]) KO. § 134 Nr. 1.
[9]) D. h. vor dem allgemeinen Prüfungstermin oder der Erledigung des Zwangsvergleichs.
[10]) KO. § 133 Nr. 1.
[11]) KO. § 133 Nr. 2.
[12]) Schriftlich oder zu Protokoll der Geschäftsstelle des Gerichts.
[13]) In Reichswährung, KO. § 69, zu vgl. auch VO. über Goldmarkberechnung i. Konkurs v. 14. Februar 1924 i. Verbindung mit VO. zur Durchführung des Münzges. von 12. Dezember 1924.
[14]) Zu vgl. BGB. § 209 Abs. 2 Nr. 2, § 214.
[15]) Zu vgl. KO. §§ 142, 152, 153, 166.

c) Der Urkundsbeamte der Geschäftsstelle hat jede angemeldete Forderung in der Rangordnung des beanspruchten Vorrechts in eine Tabelle (die Konkurstabelle)[16]) einzutragen, und zwar in Reichsmark.

Die Tabelle wird auf der Geschäftsstelle zur Einsicht der Beteiligten offengelegt und dem Konkursverwalter von Amts wegen in Abschrift mitgeteilt, KO. § 140 Abs. 2.

d) Die Anmeldungen werden im allgemeinen Prüfungstermin[17]), der bei Konkurseröffnung bestimmt wird, geprüft. Die Prüfung erstreckt sich auf Betrag und Vorrecht der einzelnen Forderungen. In dem Prüfungstermin muß — außer den Gerichtspersonen — der Konkursverwalter[18]) anwesend sein. Nicht unbedingt notwendig ist die Anwesenheit der Gläubiger oder ihrer Vertreter. Die Prüfung einer angemeldeten Forderung findet statt, wenngleich der anmeldende Gläubiger im Prüfungstermin ausbleibt, KO. § 143. Auch der Gemeinschuldner soll anwesend sein, aber braucht nicht notwendig zu erscheinen[19]). Erscheint er nicht, so verliert er die Möglichkeit, Forderungen zu bestreiten und damit zu verhindern, daß die konkursmäßig festgestellten Forderungen nach Konkursbeendigung auch gegen ihn vollstreckbar werden[20]), KO. § 164 Abs. 2.

Bei Prüfung der Forderungen hat der Konkursrichter die nötigen Ermittelungen von Amts wegen zu treffen, KO. § 75. Der Gemeinschuldner hat sich über die Forderungen zu erklären, KO. § 141 Abs. 2.

e) Eine Forderung gilt als konkursmäßig festgestellt, soweit gegen sie im Prüfungstermin weder von dem Konkursverwalter noch von einem Konkursgläubiger Widerspruch erhoben ist[21]), KO. § 144[22]). Das Ergebnis wird in die Tabelle eingetragen. Der Eintrag in die Tabelle gilt rücksichtlich der festgestellten Forderungen ihrem Betrage und ihrem Vorrechte nach wie ein rechtskräftiges Urteil gegenüber allen Konkursgläubigern, KO. § 145. Gegen den Gemeinschuldner findet nach Konkursbeendigung aus dem Tabelleneintrag die Zwangsvollstreckung nur statt, wenn er der Feststellung nicht widersprochen hat, KO. § 164.

f) Wird Widerspruch erhoben, so wird dies in der Konkurstabelle vermerkt, KO. § 145 Abs. 1. Der Feststellungsstreit wickelt sich außerhalb des Konkurses ab. Nach erhobener Klage entscheidet das Prozeßgericht[23]). Die Klage geht aus Feststellung der Forde-

---

[16]) Die Konkurstabelle enthält gewöhnlich zwei Abteilungen, von denen die eine für die bevorrechtigten, die andere für die nichtbevorrechtigten Forderungen bestimmt ist.

[17]) Für Nachzügler ist auf Kosten der Säumigen ein besonderer Prüfungstermin zu bestimmen, KO. § 142.

[18]) Sein Erscheinen kann erzwungen werden, KO. §§ 83, 84.

[19]) Sein Erscheinen kann jedoch angeordnet und erzwungen werden, KO. §§ 100, 101.

[20]) Über die Möglichkeit einer Wiedereinsetzung gegen die Versäumung des Termins zu vgl. KO. § 165.

[21]) Auch soweit ein erhobener Widerspruch beseitigt ist, KO. § 144 Abs. 1.

[22]) Der Widerspruch des Gemeinschuldners hindert die Feststellung nicht. Vgl. jedoch § 164 Abs. 2 KO.

[23]) Also nicht das Konkursgericht. Auch je nach der Forderung Sondergericht, Verwaltungsgericht oder Verwaltungsbehörde, KO. § 146 Abs. 5.

Als Rest der alten Attraktivkraft des Konkurses ist die Vorschrift erhalten, daß als Prozeßgericht das Amts- oder Landgericht ausschließlich zuständig ist, zu dessen Bezirk das Konkursgericht gehört, KO. § 146 Abs. 2.

rung als bevorrechtigte oder nichtbevorrechtigte Konkursforderung[24]). Kläger ist im Regelfalle der Gläubiger, der gegen den Bestreitenden vorzugehen hat. Hat der Gläubiger aber bereits einen vollstreckbaren Titel für seine Forderung, so muß der Bestreitende (der Konkursverwalter oder Gläubiger) klagen[25]). War zur Zeit der Konkurseröffnung ein Rechtsstreit über die Forderung bereits anhängig, so ist das Verfahren aufzunehmen[26]), KO. § 146.

Die obsiegende Partei hat die Berichtigung der Tabelle zu bewirken, KO. § 146, letzter Absatz.

§ 16.

Verteilungsverfahren.

1. Allgemeine Vorschriften.

Nach Abhaltung des allgemeinen Prüfungstermins soll, so oft hinreichende bare Masse vorhanden ist, eine Verteilung an die Konkursgläubiger erfolgen, KO. § 149. Die Konkursordnung unterscheidet Abschlagsverteilungen, Schlußverteilung und Nachtragsverteilung. Für alle Arten der Verteilungen gelten folgende Vorschriften:

a) Die Vorbereitung und der Vollzug einer jeden Verteilung liegt dem Konkursverwalter ob, KO. § 167. Dieser hat zu jeder Verteilung die Genehmigung des Gläubigerausschusses, falls ein solcher bestellt ist, einzuholen, KO. § 150.

b) Der Konkursverwalter kann Zahlungen auf festgestellte Vorrechtsforderungen (z. B. Löhne an Betriebsangestellte) mit Ermächtigung des Gerichts unabhängig von den Verteilungen leisten, KO. § 170.

c) Nach jeder Verteilung hat der Konkursverwalter dem Gericht anzuzeigen, welche Beträge er an die einzelnen Gläubiger gezahlt hat. Die Beträge werden in der Tabelle in Reichsmark vermerkt, § 3 VO. über Goldmarkrechnung i. Konkursen vom 14. Februar 1924.

2. Abschlagsverteilungen.

a) Der Konkursverwalter bestimmt nach pflichtmäßigem Ermessen, ob und wann eine Abschlagsverteilung vorgenommen werden soll. Er stellt zu diesem Zwecke auf Grund der Konkurstabelle eine Verteilungsliste auf, d. h. ein Verzeichnis der Forderungen, die bei der Verteilung berücksichtigt werden sollen. Dies Verzeichnis wird auf der Geschäftsstelle des Gerichts niedergelegt sowie die Summe der Forderungen und der verfügbare Massebestand öffentlich bekanntgemacht, KO. § 151. Mit dieser Bekanntmachung beginnt eine Ausschlußfrist von zwei Wochen, KO. §§ 152, 153.

b) Innerhalb der Ausschlußfrist haben die Gläubiger streitig gebliebener Forderungen[1]) dem Konkursverwalter nachzuweisen, daß die Feststellungsklage erhoben oder das Verfahren in dem früher anhängigen Prozesse aufgenommen ist. Wird der Nachweis nicht rechtzeitig geführt, so werden die Forderungen bei der vorzunehmenden Verteilung nicht berücksichtigt, KO. § 152. Auch Absonderungsberechtigte haben innerhalb der Frist dem Konkursverwalter den

[24]) Sog. Konkursfeststellungsklage, die aber keine Feststellungsklage nach § 256 ZPO. ist.

[25]) Man pflegt hier von sog. titulierten und nicht titulierten Forderungen zu sprechen.

[26]) ZPO. § 240.

[1]) Nicht titulierter Forderungen.

Nachweis ihres Ausfalls oder des Verzichts auf das Aussonderungsrecht zu führen, wenn sie bei der vorzunehmenden Verteilung berücksichtigt werden wollen, KO. § 153. Bei Abschlagszahlungen wird, wenn der Betrag des Ausfalls glaubhaft gemacht wird, die auf diesen Betrag entfallende Konkursdividende zwar unter die verteilungsberechtigten Forderungen aufgenommen, aber zurückbehalten, bis der Gläubiger den Ausfall nachweist, KO. § 153 Abs. 2, § 168 Nr. 3.

c) Gläubiger, die nachträglich die unter b erwähnten Nachweise erbringen, können die Abschlagsdividenden verlangen, wenn die Restmasse noch ausreicht und nicht infolge Ablaufs einer Ausschlußfrist für eine neue Verteilung zu verwenden ist, KO. § 155.

d) Die bei der Abschlagsverteilung zu zahlende Konkursdividende (d. h. den zu zahlenden Prozentsatz) bestimmt der Konkursverwalter und, wenn ein Gläubigerausschuß bestellt ist, dieser auf Antrag des Konkursverwalters, KO. § 159 Abs. 1.

Die Dividende wird den berücksichtigten Gläubigern vom Konkursverwalter mitgeteilt, KO. § 159 Abs. 2.

e) Nach Ablauf der Ausschlußfrist beginnen zwei neue Fristen. Einmal eine Frist von drei Tagen, innerhalb welcher der Konkursverwalter auf Grund inzwischen erbrachter Nachweise über bestrittene oder Ausfallforderungen[2]) die Verteilungsliste berichtigen kann (Berichtigungsfrist), KO. § 157. Sodann eine Frist von einer Woche, innerhalb welcher jeder beteiligte Gläubiger Einwendungen gegen die Verteilungsliste erheben kann (Einwendungsfrist), KO. § 158 Abs. 1. Gegenstand dieser Einwendungen ist hauptsächlich, daß gewisse Forderungen zu Unrecht berücksichtigt oder nicht berücksichtigt oder nicht mit dem richtigen Betrag oder Rang eingestellt seien. Über solche Einwendungen entscheidet das Konkursgericht im Beschlußverfahren, der Weg des förmlichen Prozesses ist ausgeschlossen. Die Entscheidung, durch die eine Berichtigung der Liste angeordnet wird, ist auf der Geschäftsstelle niederzulegen[3]), KO. § 158 Abs. 2.

f) Nach Abschluß des Einwendungsverfahrens steht die endgültige Verteilungsliste fest und die Verteilung wird durchgeführt, und zwar in der Regel durch Auszahlung der Dividende an die einzelnen berechtigten Gläubiger, ausnahmsweise durch Zurückbehaltung[4]). Zurückbehalten werden die Anteile, die auf gewisse unsichere Forderungen entfallen, nämlich auf im Feststellungsstreit befangene (bei rechtzeitigem Nachweis des Prozeßbetriebs), bedingte Forderungen[5]) und Ausfallforderungen Absonderungsberechtigter, wenn der Ausfall glaubhaft gemacht ist, KO. § 168.

g) Das Konkursgericht kann den Aufschub von Abschlagsverteilungen auf Antrag des Gemeinschuldners anordnen, wenn dieser einen Zwangsvergleich vorgeschlagen hat, KO. § 160.

3. Schlußverteilung. Die Schlußverteilung wird vorgenommen, sobald die Verwertung der Masse beendigt ist. Die Erledigung der Sonderprozesse

---

[2]) Zu vgl. oben zu b und c.

[3]) Mit dem Tage der Niederlegung beginnt die Frist für die sofortige Beschwerde zu laufen, KO. § 158 Abs. 2 (§ 73 Abs. 3).

[4]) Reservierung, nicht Aushändigung.

[5]) Resolutiv bedingte Forderungen nur dann, wenn der Gläubiger zu einer Sicherheitsleistung verpflichtet ist, dieser Pflicht aber nicht nachkommt, KO. § 154, § 168 Nr. 4.

über streitige Forderungen sowie der Eintritt von Bedingungen bei bedingten Forderungen braucht nicht abgewartet zu werden, KO. § 161 Abs. 1. Für die Schlußverteilung gelten folgende Grundsätze:

a) Die Schlußverteilung unterliegt nicht nur der Genehmigung des Gläubigerausschusses (KO. § 150), sondern auch der Genehmigung des Konkursgerichts, KO. § 161 Abs. 2. Mit der Schlußverteilung ist eine tatsächliche Präklusion aller nicht nach Vorschrift des Gesetzes geltend gemachten Ansprüche gegenüber der Konkursmasse verbunden.

b) Der Konkursverwalter stellt das Schlußverzeichnis (Schlußverteilungsliste) auf, legt es auf der Geschäftsstelle nieder und erläßt die üblichen Veröffentlichungen[6]).

c) Das Konkursgericht bestimmt hierauf einen Schlußtermin. Dieser Termin ist bestimmt: zur Erhebung von Einwendungen gegen das Schlußverzeichnis[7]), zur Beschlußfassung der Gläubiger über unverwertbare Vermögensstücke sowie zur Abnahme der Schlußrechnung, KO. § 162.

Über Einwendungen gegen das Schlußverzeichnis entscheidet das Konkursgericht, KO. § 162 Abs. 2.

d) Die Schlußrechnung hat der Konkursverwalter bei Beendigung seines Amts der Gläubigerversammlung zu legen. Die Rechnung muß mit den Belegen und etwaigen Bemerkungen des Gläubigerausschusses spätestens drei Tage vor dem Termin auf der Geschäftsstelle zur Einsicht der Beteiligten niedergelegt werden, KO. § 86. Auch gegen die Schlußrechnung können Einwendungen in dem zur Abnahme der Schlußrechnung bestimmten Schlußtermin erhoben werden. Die Entscheidung über solche Einwendungen erfolgt jedoch im Gegensatz zu den unter c erwähnten Fällen im Prozeßwege (Motive S. 308). Soweit in dem Termine keine Einwendungen erhoben werden, gilt die Schlußrechnung als anerkannt, KO. § 86.

e) Verteilt wird die gesamte verfügbare Masse, die Konkursdividende wird nach dem Verhältnis der verfügbaren Aktivmasse zur Schuldenmasse berechnet.

f) Suspensiv bedingte Forderungen werden bei der Schlußverteilung nicht mehr berücksichtigt, wenn die Möglichkeit des Eintritts der Bedingung eine so entfernte ist, daß die bedingte Forderung keinen gegenwärtigen Vermögenswert hat[8]), KO. § 154 Abs. 2. Ebenso bleiben bei der Schlußverteilung unberücksichtigt Ausfallforderungen Absonderungsberechtigter, die den Ausfall auch jetzt noch nicht nachgewiesen haben, KO. § 153 Abs. 1[9]).

g) Beträge, die auch bei dem Vollzuge der Schlußverteilung noch zurückzubehalten sind[10]), hat der Konkursverwalter nach Anordnung des Konkursgerichts für Rechnung der Beteiligten zu hinterlegen[11]).

---

[6]) Zu vgl. oben zu 2a.

[7]) Abweichend von den Abschlagsverteilungen hier im Termin und nicht während der im § 158 Abs. 1 KO. bezeichneten Frist. Zu vgl. oben 2e.

[8]) Es handelt sich tatsächlich nur um aussichtslose Anwartschaften. Zu vgl. auch KO. § 171.

[9]) Die Anteile, die solchen Gläubigern bei Abschlagszahlungen zurückbehalten waren, werden für die Schlußverteilung frei, KO. § 156.

[10]) Vgl. die Aufzählung in KO. § 168.

[11]) Hinterlegung ist etwas anderes als Zurückbehaltung. Das Konkursgericht bestimmt, wie die Hinterlegung zu bewirken ist.

Das gleiche gilt für Beträge, die bis zu diesem Zeitpunkt nicht erhoben sind, KO. § 169.

4. Nachtragsverteilungen finden statt, wenn nach der Schlußverteilung neue Teilungsmasse verfügbar wird. Dies ist namentlich der Fall, wenn nachträglich bisher verborgen gewesene Massegegenstände ermittelt werden, wenn der Nichteintritt der Bedingung einer suspensiv bedingten Forderung oder der der Eintritt der Bedingung bei resolutiv bedingten Forderungen festgestellt wird, auch wenn eine bestrittene Forderung im Prozeßwege abgewiesen ist. Ferner wenn ausgezahlte Beträge etwa wegen Irrtums zurückgezahlt werden. Für die Nachtragsverteilung gelten folgende Grundsätze:

a) Die Nachtragsverteilung ist rechtlich eine Fortsetzung der Schlußverteilung, d. h. die nachträglich ermittelte Masse wird unter die bei der Schlußverteilung berücksichtigten Gläubiger verteilt, KO. § 166.
b) Die Nachtragsverteilung wird vom Konkursgericht angeordnet und von dem Konkursverwalter ausgeführt, KO. § 166.
c) Die Grundlage für die Nachtragsverteilung ist das Schlußverzeichnis, d. h. die Schlußverteilungsliste, KO. § 166.
d) Der Konkursverwalter macht den für die Nachtragsverteilung verfügbaren Betrag bekannt. Einer nochmaligen Bekanntgabe der Summe der teilnahmeberechtigten Forderungen und der Niederlegung eines Verzeichnisses der zu berücksichtigenden Forderungen bedarf es nicht, da das Schlußverzeichnis maßgebend bleibt (Motive S. 386).
e) Die über die Verwaltung und Verteilung abzulegende Rechnung unterliegt der Prüfung des Konkursgerichts[12]), KO. § 166.

§ 17.

Abschluß des Verfahrens.

1. Aufhebung des Konkurses.

a) Der regelmäßige Abschluß des Konkursverfahrens bildet die Aufhebung des Konkurses. Ist der Schlußtermin abgehalten, so wird das Konkursverfahren aufgehoben. Auf etwaige notwendig werdende Nachtragsverteilungen wird keine Rücksicht genommen. Eine Nachtragsverteilung kann vor oder nach Aufhebung des Konkurses stattfinden. Auch hindert der Umstand, daß noch Prozesse über streitige Forderungen schweben, nicht die Aufhebung des Konkurses. Der Konkursverwalter hat die schwebenden Verwaltungsangelegenheiten noch zu erledigen, insbesondere noch anhängige Prozesse weiter zu führen, KO. § 163.
b) Die Aufhebung des Konkurses erfolgt durch Beschluß des Konkursgerichts. Der Beschluß ist unanfechtbar, KO. § 163 Abs. 1.
c) Der Aufhebungsbeschluß und der Grund der Aufhebung sind öffentlich bekanntzumachen[1]), KO. § 163 Abs. 2 (§ 76).
d) Die Aufhebung des Konkurses wird — in gleicher Weise wie die Konkurseröffnung — der Dienstbehörde des Gemeinschuldners, den Registerbehörden und den Grundbuchämtern mitgeteilt, KO. § 163 Abs. 3 (§ 112).

---

[12]) Da eine Gläubigerversammlung nicht mehr besteht.

[1]) Wegen Veröffentlichung im Reichsanzeiger vgl. VO. v. 20. Juni 1925, durch welche § 3 der VO. v. 14. Februar 1924 aufgehoben ist.

e) Mit Aufhebung des Konkurses fallen die Konkursorgane (insbesondere Gläubigerversammlung und Gläubigerausschuß) weg. Konkursgericht und Konkursverwalter können auch nach Aufhebung des Konkurses noch gewisse, mit dem Konkurs zusammenhängende Verwaltungshandlungen (wie Fortführung von Prozessen, Hinterlegungen, Nachtragsverteilungen) behalten.

f) Die materiellrechtlichen Wirkungen der Konkursbeendigung sind oben S. 178 erörtert.

2. Einstellung des Verfahrens.

a) Das Konkursverfahren kann auch, ohne daß es bis zu Ende durchgeführt wird, durch „Einstellung" beendet werden. Das Gesetz kennt eine Einstellung in zwei Fällen:
(1) infolge Konkursverzichts,
(2) infolge ungenügender Masse.
Die Wirkungen der Konkursbeendigung in diesen Fällen sind dieselben wie bei Aufhebung des Konkurses.

b) Einstellung infolge Konkursverzichts.

(1) Der Konkursverzicht — entsprechend der Klagzurücknahme im Zivilprozeß — stellt eine einseitige Prozeßhandlung dar, durch welche die Gläubiger auf die Weiterführung des Konkurses Verzicht leisten[2]).

(2) Die Einstellung des Konkursverfahrens setzt voraus:
a) einen Antrag des Gemeinschuldners,
b) die Zustimmung der Konkursgläubiger[3]), und zwar vor Ablauf der Anmeldefrist aller bekannten Gläubiger, nach deren Ablauf der Gläubiger, die Forderungen angemeldet haben[4])[5]).

KO. § 202.

(3) Das Verfahren spielt sich, wie folgt, ab:
a) der Antrag wird — wenn er nicht als unzulässig verworfen wird — öffentlich bekanntgemacht, KO. § 76;
b) der Antrag wird ferner mit den Verzichtserklärungen auf der Geschäftsstelle des Konkursgerichts zur Einsicht der Konkursgläubiger niedergelegt;
c) jeder Konkursgläubiger kann binnen einer Woche nach der Bekanntmachung Widerspruch gegen den Antrag erheben;
d) das Konkursgericht beschließt sodann über die Einstellung (nach Anhören des Gemeinschuldners, des Konkursverwalters und der etwa widersprechenden Gläubiger)[6]).

KO. § 203.

c) Einstellung infolge ungenügender Masse.

(1) Das Konkursgericht kann[7]) (auf Antrag oder von Amts wegen) das Konkursverfahren einstellen, sobald sich ergibt, daß eine den

---

[2]) Meistens nach außergerichtlichem Vergleich oder außerkonkursmäßiger Befriedigung.

[3]) Nicht der Massegläubiger, der Aus- und Absonderungsberechtigten.

[4]) Das Konkursgericht entscheidet nach freiem Ermessen, wieweit es der Zustimmung von Gläubigern mit bestrittenen Forderungen bedarf, KO. § 202 Abs. 1 Satz 2.

[5]) Wird der Gemeinschuldner nach der Einstellung wiederum zahlungsunfähig, so sind die Gläubiger nicht gehindert, ein neues Konkursverfahren zu beantragen.

[6]) Der Beschluß kann sowohl vom Gemeinschuldner als auch von jedem der Gläubiger mit der sofortigen Beschwerde angefochten werden, KO. § 73 Abs. 3.

[7]) Das Gesetz (KO. § 204) sagt „kann"; es muß aber eine amtliche Pflicht des Konkursgerichts angenommen werden, wenn die gesetzlichen Voraussetzungen der Einstellung vorliegen.

Kosten des Verfahrens entsprechende Konkursmasse nicht vorhanden ist.

Die Einstellung unterbleibt, wenn ein Beteiligter den nötigen Geldbetrag vorschießt.

(2) Vor der Einstellung soll die Gläubigerversammlung gehört werden.

(3) Auch hier ist der Einstellungsbeschluß und der Grund der Einstellung öffentlich bekanntzumachen. Weitere Mitteilungen erhalten — wie bei der Konkursaufhebung — die Dienstbehörde des Gemeinschuldners, die Registerbehörden und Grundbuchämter. KO. §§ 204, 205.

(4) Der Einstellungsbeschluß kann mit der sofortigen Beschwerde angefochten werden, KO. § 73 Abs. 3.

3. Verfahren beim Zwangsvergleich.

a) Die materiellrechtlichen Vorschriften über den Zwangsvergleich sind oben S. 178ff. behandelt, hier sind nur die Vorschriften über das Verfahren beim Zwangsvergleich zu erörtern.

b) Der Zwangsvergleich erfordert: einen Vorschlag des Gemeinschuldners, dessen Annahme durch die Gläubiger und die Bestätigung des Konkursgerichts, KO. §§ 173—201.

c) Der Vorschlag ist in jedem Zeitpunkt des Verfahrens bis zur Genehmigung der Schlußverteilung statthaft[8]). Er kann schriftlich eingereicht, aber auch zu Protokoll erklärt werden. Notwendig sind Angaben darüber, wie die Gläubiger befriedigt und ob und wie diese sichergestellt werden sollen, KO. § 174.

Ist der Vorschlag formell nicht zu beanstanden[9]), so wird er auf der Geschäftsstelle niedergelegt und darauf in der öffentlichen Bekanntmachung hingewiesen, KO. § 178, § 179 Abs. 2.

d) Über die Annahme des Vorschlags durch die Gläubiger wird in einem Termine — dem Vergleichstermine[10]) — verhandelt. Der Vergleichstermin ist öffentlich bekanntzumachen. Besonders zu laden sind der Gemeinschuldner, der Konkursverwalter und die nichtbevorrechtigten Konkursgläubiger, KO. § 179.

e) Stimmberechtigt sind nur die gewöhnlichen (nicht die bevorrechtigten) Konkursgläubiger[11]). Erfordert wird eine doppelte Mehrheit: die Mehrheit aller anwesenden Stimmberechtigten und eine Summenmehrheit von drei Viertel des Gesamtbetrags aller (auch der abwesenden) stimmberechtigten Gläubiger, KO. § 182.

f) Kommt ein Vergleich zustande, so bedarf er noch der Bestätigung des Gerichts. Der Beschluß (der die Bestätigung ausspricht oder ablehnt) ist zu verkünden, KO. §§ 184, 185.

g) Die Bestätigung ist von Amts wegen abzulehnen, wenn wesentliche Verfahrensvorschriften verletzt sind, wenn nachträglich ein Fall der Unzulässigkeit eines Zwangsvergleichs[12]) eingetreten ist oder wenn der Zwangsvergleich nicht mindestens 20 Prozent Dividende gewährt

---

[8]) Er kann schon bei dem Antrag auf Konkurseröffnung gestellt werden.

[9]) Anderenfalls Verwerfung wegen Unzulässigkeit oder formeller Mängel.

[10]) Dieser kann auf Antrag des Gemeinschuldners und des Gläubigerausschusses mit dem allgemeinen Prüfungstermine verbunden werden, KO. § 180.

[11]) Der Ehegatte kann wirksam nur gegen, nicht für den Vergleich stimmen, KO. § 183 Abs. 1.

[12]) Zu vgl. oben S. 180.

und dies auf unredliches Verhalten des Gemeinschuldners zurückzuführen ist, KO. §§ 186, 187. Die Bestätigung kann von Amts wegen abgelehnt werden, wenn das geringere Ergebnis als 20 Prozent Dividende auf Leichtsinn des Gemeinschuldners[13]) zurückzuführen ist, KO. § 187 Satz 2.

Die Bestätigung muß auf Antrag eines stimmberechtigten Gläubigers abgelehnt werden, wenn der Vergleich auf unlautere Weise zustande gebracht ist[14]), oder wenn er dem gemeinsamen Interesse der nichtbevorrechtigten Konkursgläubiger widerstreitet, KO. § 188.

h) Der Beschluß des Konkursgerichts, der den Vergleich bestätigt oder die Bestätigung ablehnt, ist mit der sofortigen Beschwerde anfechtbar, KO. § 189. Sobald der Vergleich rechtskräftig bestätigt ist, beschließt das Konkursgericht die Aufhebung des Konkurses. Der Beschluß ist unanfechtbar, KO. § 190.

i) Der Beschluß sowie der Grund der Aufhebung sind — wie üblich — öffentlich bekanntzumachen. Für die Mitteilung an die Dienstbehörde des Gemeinschuldners, die Registerbehörden und Grundbuchämter gilt das gleiche wie bei Aufhebung des Konkurses nach dem Schlußtermin, KO. § 190 Abs. 2, 3.

IV. Abschnitt.

Besondere Konkursarten.

Die Konkursordnung enthält besondere Vorschriften materiellrechtlicher und formellrechtlicher Art für eine Reihe von Sonderfällen, und es lassen sich fünf Gruppen solcher Sonderfälle unterscheiden, die im Folgenden behandelt werden.

§ 18.

Aktiengesellschaften usw.

Die erste Gruppe betrifft den Konkurs einer Aktiengesellschaft (entsprechend einer Gesellschaft mit beschränkter Haftung, anderer juristischer Personen[1]) und Vereine mit nur passiver Rechtsfähigkeit), KO. §§ 207, 208, 213; G. m. b. H.-Ges. § 63 Abs. 2.

(1) Konkursgrund ist außer Zahlungsunfähigkeit auch Überschuldung.

(2) Wird über das Vermögen einer Kapitalgesellschaft[2]) Konkurs eröffnet, so wird sie aufgelöst (HGB. § 292 Abs. 1 Nr. 3, § 330, G. m. b. H. § 60). Auch nach Auflösung[3]) ist die Konkurseröffnung so lange möglich, als die Verteilung des Vermögens nicht vollzogen ist.

---

[13]) Z. B. Spiel, Wetten, leichtsinniges Schuldenmachen, schlechte Buchführung u. a.

[14]) Z. B. heimliche Begünstigung eines Gläubigers, Stimmenkauf u. dgl.

[1]) Juristische Personen des bürgerlichen Rechts (wie rechtsfähige Vereine, Stiftung, Gewerkschaften usw.) und des öffentlichen Rechts (wie öffentliche Körperschaften, öffentliche Stiftungen, Anstalten, Innungen usw.). Zu vgl. jedoch Art. IV EG. zur KO.

[2]) Aktiengesellschaft, auch Kommanditges. auf Aktien, G. m. b. H.

[3]) Auflösung aus anderen Gründen als durch Eröffnung des Konkurses (im Liquidationsstadium).

(3) Antragsberechtigt ist außer den Konkursgläubigern jedes Mitglied des Vorstandes[4]) und jeder Liquidator. Dem Vorstand ist ferner die Pflicht auferlegt, beim Vorliegen eines Konkursgrundes entweder den Antrag auf Konkurseröffnung oder auf Eröffnung des gerichtlichen Vergleichsverfahrens zu stellen[5]). Für Liquidatoren besteht nur die Pflicht zur Beantragung des Konkursverfahrens, da für aufgelöste Gesellschaften[6]) das Vergleichsverfahren unzulässig ist (§ 240 Abs. 2, § 298 HGB., §§ 64, 71 G. m. b. H., § 42 Abs. 2, § 53 BGB., Reichsges. v. 25. März 1930, §§ 88, 91 Vergl.O.)[7])[8]).

(4) Gemeinschuldner ist die Aktiengesellschaft als solche, die durch ihre satzungsmäßigen Organe vertreten wird. Willenserklärungen, die für die Gesellschaft abzugeben sind, müssen von allen Vorstandsmitgliedern und Liquidatoren gemeinschaftlich und einheitlich abgegeben werden. Eine Ausnahme bildet der Antrag auf Konkurseröffnung (zu vgl. KO. § 208 Abs. 2).

(5) Konkursmasse ist das der Zwangsvollstreckung unterliegende Vermögen der Gesellschaft, wozu auch die Einlagen der Aktionäre gehören[9]).

(6) Die Aktionäre als solche gehören hinsichtlich ihrer Einlagen nicht zu den Konkursgläubigern[10]).

(7) Werden noch Zahlungen geleistet, nachdem die Zahlungsunfähigkeit eingetreten ist oder die Überschuldung sich ergeben hat (z. B. Zahlungen an Aussonderungs- oder Absonderungsberechtigte oder Zahlungen zwecks Fortführung des Geschäfts), so sind die Vorstandsmitglieder[11]) haftbar. Dies gilt jedoch nicht von Zahlungen, die mit der Sorgfalt eines ordentlichen Geschäftsmannes vereinbar sind[12]).

(8) Wird der Konkurs infolge Konkursverzichts oder Zwangsvergleichs beendet, so kann die Fortsetzung der Gesellschaft beschlossen werden (HGB. § 307, G. m. b. H.-Ges. § 60 Nr. 4).

(9) Im Konkurse von Hypothekenbanken haben die Pfandbriefgläubiger vor den sonstigen Konkursgläubigern gewisse Vorrechte (Hyp.-Bank.-Ges. v. 13. Juli 1899 § 35).

(10) Nicht rechtsfähige Vereine, die als solche verklagt werden können, sind nach KO. § 213 konkursfähig. Der Konkurs ergreift das Vereinsvermögen als besonderes Zweckvermögen.

§ 19.

Offene Handelsgesellschaften usw.

Die zweite Gruppe betrifft den Konkurs einer offenen Handelsgesellschaft (entsprechend einer Kommandit- und Kommandit-Aktien-Gesellschaft), KO. §§ 209—212.

---

[4]) Bei G. m. b. H. der Geschäftsführer.

[5]) Also Wahlpflicht.

[6]) Ebenso für Genossenschaften.

[7]) Bei Verstoß gegen diese Pflichten
a) Ersatzpflicht (cf. HGB. § 241, 2),
b) Strafen (§ 315 HGB., § 84 Abs. 1 G. m. b. H.).

[8]) Wegen vorübergehender Befreiung von dieser Pflicht während der Kriegszeit vgl. VO. v. 8. August 1914 u. 28. April 1920.

[9]) Rückständige Einlagen hat der Konkursverwalter einzuziehen.

[10]) Wohl aber die Obligationäre, d. h. Inhaber von Schuldverschreibungen.

[11]) Bei der G. m. b. H. der Geschäftsführer.

[12]) Zu vgl. § 241 Abs. 3 Nr. 6 HGB., § 64 G. m. b. H., auch § 99 Gen.-Ges., Reichsges. v. 25. März 1930.

(1) Obwohl die offene Handelsgesellschaft[1]) nach der herrschenden Meinung keine juristische Person ist, ist ein selbständiger Konkurs über das Gesellschaftsvermögen für zulässig erklärt[2]). Sie ist also konkursfähig, auch im Liquidationsstadium.

(2) Konkursgrund ist Zahlungsunfähigkeit; bei Kommanditgesellschaften auf Aktien auch Überschuldung.

(3) Antragsberechtigt ist außer den Konkursgläubigern jeder persönlich haftende Gesellschafter und jeder Liquidator. Bei den Kommandit-Aktien-Gesellschaften besteht für die persönlich haftenden Gesellschafter und Liquidatoren eine Antragspflicht[3]). Diese Pflicht ist nach Reichsges. v. 25. März 1930 eine Wahlpflicht. Sie besteht darin, entweder die Konkurseröffnung oder die Eröffnung des gerichtlichen Vergleichsverfahrens zu beantragen. Im Falle der Liquidation kommt nur Konkurseröffnung in Betracht (vgl. Vergl.O. §§ 88, 91).

(4) Gemeinschuldner sind die Gesellschafter (nicht die Kommanditisten); bei der Kommandit-Aktien-Gesellschaft ist die Gesellschaft Gemeinschuldnerin.

(5) Die Konkursmasse bildet das der Zwangsvollstreckung unterliegende Vermögen der Gesellschaft einschließlich der Einlagen der Gesellschafter und der Ansprüche auf Einlagenrückstände.

(6) Konkursgläubiger sind die Gesellschaftsgläubiger (nicht die Privatgläubiger der Gesellschafter).

(7) Für Zahlungsleistungen nach Eintritt des Konkursfalles gilt das im § 18 Nr. 7 gesagte.

(8) Ein Zwangsvergleich kann nur auf Vorschlag aller persönlich haftenden Gesellschafter geschlossen werden. (Die Zustimmung der Kommanditisten ist nicht erforderlich.) Der Zwangsvergleich begrenzt — wenn er nicht ein anderes festsetzt — zugleich den Umfang der persönlichen Haftung der Gesellschafter.

(9) Der Gesellschaftskonkurs hat nicht notwendig den Privatkonkurs des Gesellschafters zur Folge. Kommt es aber zu einem Privatkonkurs, so können die Gesellschaftsgläubiger — falls zugleich der Gesellschaftskonkurs eröffnet ist — in dem Privatkonkurs nur wegen ihres Ausfalls im Gesellschaftskonkurs Befriedigung erhalten.

§ 20.

Eingetragene Genossenschaften usw.

Der dritte Sonderfall betrifft den Genossenschaftskonkurs (entsprechend dem Konkurs eines Versicherungsvereins auf Gegenseitigkeit).

1. Genossenschaftskonkurs (Konkurs eingetragener Genossenschaften).

(1) Maßgebend ist das Genossenschaftsges. vom 1. Mai 1889 in der Fassung der Bek. vom 20. Mai 1898 und der Ges. vom 1. Juli 1922 und 12. Mai 1923 (§§ 98—118, 122—125, 128—130, 140—142, 148).

(2) Konkursgrund ist Zahlungsunfähigkeit, im Zeitabschnitt der Liquidation auch Überschuldung[1]).

---

[1]) Ebenso die Kommanditgesellschaft.

[2]) Insofern liegt ein Sonderkonkurs vor.

[3]) HGB. § 240 Abs. 2, § 325 Nr. 8; Ges. v. 25. März 1930 Art. III. Wegen zeitweiser Befreiung von dieser Pflicht vgl. VO. v. 8. August 1914 u. 28. April 1920.

[1]) Bei beschränkter Haftpflicht auch während Bestehens der Genossenschaft.

(3) Antragsberechtigt sind außer den Genossenschaftsgläubigern jedes Vorstandsmitglied und jeder Liquidator. Letztere sind zur Antragstellung verpflichtet, wenn die Voraussetzungen des Konkurses vorliegen. Es kann statt Konkurseröffnung auch die Eröffnung des gerichtlichen Vergleichsverfahrens beantragt werden (Reichsges. vom 25. März 1930). Dies gilt jedoch nicht im Liquidationsstadium (Vergl.O. § 91).
(4) Eine Ablehnung der Konkurseröffnung wegen Unzulänglichkeit der Masse ist unzulässig.
(5) Gemeinschuldner ist die Genossenschaft.
(6) Als Konkursorgan ist der Gläubigerausschuß obligatorisch.
(7) Zur Konkursmasse gehören auch die Nachschüsse der Genossen, die in einem besonderen Nachschußverfahren festgestellt und eingezogen werden[2]).
(8) Für Zahlungsleistungen nach Eintritt des Konkursfalles gilt das im § 18 zu Nr. 7 gesagte.
(9) Eine Fortsetzung der Genossenschaft nach Einstellung des Konkurses gemäß §§ 202, 203 KO. ist nicht möglich.
(10) Ein Zwangsvergleich ist ausgeschlossen (Gen.G. § 116).

2. Konkurs eines Versicherungsvereins a. G.
(1) Maßgebend ist das Gesetz über die privaten Versicherungsunternehmungen vom 12. Mai 1901 in der Fassung vom 6. Juni 1931[3]).
(2) Konkursgrund ist Zahlungsunfähigkeit oder Überschuldung (§ 88 Abs 2).
(3) Die Befugnis, die Eröffnung des Konkurses zu beantragen, ist hier dem Gemeinschuldner und den Gläubigern entzogen und der Aufsichtsbehörde über den Versicherungsverein eingeräumt. Der Vorstand und die Liquidatoren sind verpflichtet, wenn Zahlungsunfähigkeit oder Überschuldung sich ergibt, der Aufsichtsbehörde Anzeige zu erstatten. Die Aufsichtsbehörde soll in die Lage versetzt werden, rechtzeitig Sanierungsmaßregeln zu treffen (§§ 88, 89)[4]).
(4) Der Eröffnungsbeschluß ist unanfechtbar (§ 88 Abs. 1). Die Konkurseröffnung löst den Verein auf (§ 49).
(5) Bei der Lebensversicherung haben die Versicherten ein Recht auf bevorzugte Befriedigung aus der Deckungsrücklage (Prämienreservefonds) (§§ 65 ff). Das Konkursgericht hat den Versicherten zur Wahrung ihrer Rechte an dem Deckungsstock einen Pfleger zu bestellen. Für die Pflegschaft tritt an Stelle des Vormundschaftsgerichts das Konkursgericht (§ 78). Die Überwachung des Deckungsstocks liegt einem Treuhänder ob (§§ 70, 71).
(6) In Versicherungszweigen, für welche die besonderen Vorschriften über die Deckungsrücklage (§§ 65—79) nicht gelten[5]), gehen im Konkursfall die Forderungen auf Rückerstattung eines auf die Zeit nach Beendigung des Versicherungsverhältnisses entfallenden Teiles der Prämie und auf Ersatz eines zur Zeit der Konkurseröffnung bereits eingetretenen Schadens den im § 61 Nr. 6 KO. genannten übrigen Konkursforderungen im Range vor. Hierbei werden Forderungen auf Rückerstattung eines Prämienteils im Range nach den Forderungen auf Ersatz eines Schadens,

[2]) Nachtragsverteilungen sind hier besonders wichtig.
[3]) Entsprechende Vorschriften sind für Bausparkassen getroffen (§§ 112 ff).
[4]) Das Konkursgericht muß dem Antrag der Aufsichtsbehörde stattgeben. Eine Ablehnung wegen Unzulänglichkeit der Masse ist jedoch nicht ausgeschlossen (§ 88 Abs. 1).
[5]) Schadensversicherung.

Forderungen derselben Rangordnung nach Verhältnis ihrer Beträge berichtigt (§ 80).

(7) Bei Versicherungsvereinen a. G. ist eine besondere Rangordnung der Gläubiger vorgeschrieben (§ 51). Ferner kommt — wie bei Genossenschaften — zur Aufbringung der Deckungsmittel ein Nachschußverfahren zur Anwendung (§ 52). Ein Zwangsvergleich ist wegen Haftung der Vereinsmitglieder ausgeschlossen (§ 52 Abs. 2 in Verbindung mit Gen.G. § 116).

§ 21.
Nachlaßkonkurs.

Der vierte Sonderfall betrifft den Nachlaßkonkurs (und entsprechend den Gesamtgutskonkurs), KO. §§ 214—235.

(1) Zuständig als Konkursgericht ist das Amtsgericht des allgemeinen Gerichtsstands[1]) des Erblassers beim Todesfall (nicht des Erben).

(2) Gemeinschuldner ist der Erbe in Ansehung des Nachlasses[2]). Ein Nacherbe tritt ohne weiteres an die Stelle des Vorerben, wenn die Nacherbfolge während des Konkurses eintritt. Auch der Käufer der Erbschaft tritt mit Abschluß des Kaufes an die Stelle des Erben, KO. § 232.

(3) Konkursgrund ist Überschuldung.

(4) Antragsberechtigt sind: der Erbe[3]), ferner der Nachlaßverwalter (Nachlaßpfleger oder Testamentsvollstrecker) und jeder Nachlaßgläubiger. Der Erbe ist, sobald er von der Überschuldung Kenntnis erlangt hat, verpflichtet, den Antrag auf Konkurseröffnung zu stellen (§ 1980 BGB.). Ein Vergleichsverfahren ist unzulässig, wenn der Erbe allen oder einzelnen Nachlaßgläubigern unbeschränkt haftet oder wenn der Nachlaß geteilt ist (Vergl.O. § 92 Nr. 3).

(5) Konkursmasse ist der Nachlaß, soweit er der Zwangsvollstreckung unterliegt.

(6) Für die Absonderung gelten einige Besonderheiten (zu vgl. KO. § 221), desgleichen für die Konkursanfechtung (zu vgl. KO. § 222).

(7) Eine Reihe von Forderungen, die nach § 63 KO. unberücksichtigt bleiben würden, werden hier berücksichtigt, aber hinter den anderen Gläubigern (sog. minderberechtigte Forderungen)[4]), KO. § 226.

(8) Masseschulden sind außer den gewöhnlichen Masseschulden noch die im § 224 KO. aufgezählten Verbindlichkeiten (z. B. die Kosten standesmäßiger Beerdigung des Erblassers).

(9) Ein Zwangsvergleich kann nur auf Vorschlag aller Erben geschlossen werden. Die minderberechtigten Gläubiger (zu vgl. oben zu 7) nehmen an dem Zwangsvergleich nicht teil, KO. § 230.

(10) Die Vorschriften über den Nachlaßkonkurs gelten entsprechend für den Gesamtgutskonkurs (d. h. den Konkurs im Falle der fortgesetzten Gütergemeinschaft hinsichtlich des Gesamtguts), KO. § 236.

---

[1]) ZPO. §§ 13—16.

[2]) Der Nachlaßkonkurs ist daher Sonderkonkurs über einen Teil des Vermögens einer Person.

[3]) Stellen von mehreren Erben nur einige den Antrag, so ist der Konkursgrund glaubhaft zu machen, KO. § 217 Abs. 2.

[4]) So Zinsen seit Konkurseröffnung, Geldstrafen, die gegen den Erblasser erkannt sind, Ansprüche aus einer Freigebigkeit des Erblassers, Ansprüche aus Pflichtteil, Recht des Dreißigsten BGB. § 1969).

§ 22.

Inlands- und Auslandskonkurs.

Die fünfte Gruppe von Sondervorschriften betrifft Konkursfälle von Schuldnern, die im Inland sowie im Ausland Vermögen besitzen, KO. § 237, 238. Es gelten hier folgende Grundsätze[1]):

(1) Hat der Gemeinschuldner im Inland seinen allgemeinen Gerichtsstand, so umfaßt der inländische Konkurs auch das ausländische Vermögen des Gemeinschuldners.

(2) Hat der Gemeinschuldner im Inland keinen allgemeinen Gerichtsstand, aber eine gewerbliche Niederlassung oder ein mit Wohn- und Wirtschaftsgebäuden versehenes Gut, so umfaßt der inländische Konkurs nur das inländische Vermögen[2]). Konkursgericht ist in diesem Falle das Amtsgericht der gewerblichen Niederlassung oder des belegenen Gutes, KO. § 238.

(3) Besitzt der Schuldner, über dessen Vermögen im Ausland Konkurs eröffnet ist, Vermögen im Inlande, so ist die Zwangsvollstreckung (d. h. die Einzelvollstreckung, die sonst unzulässig sein würde) in das inländische Vermögen zulässig, KO. § 237.

V. Abschnitt.

Vergleich zur Abwendung des Konkurses.[1])

§ 23.

Allgemeines.

1. In der neueren Zeit ist neben das strenge Konkursverfahren ein milderes Verfahren der Gläubigerbefriedigung getreten. Diese Einrichtung wurde durch die Verordnungen über Geschäftsaufsicht zur Abwendung des Konkurses geschaffen (VO. vom 8. August 1914, 14. Dezember 1916, 8. Februar 1924 und 14. Juni 1924). Hiernach verblieb dem Schuldner die Weiterführung seines Geschäfts, und er wurde darin nur durch eine Aufsichtsperson überwacht, die die Interessen der Gläubiger wahrnahm. Eine öffentliche Bekanntmachung erfolgte nicht, um den Schuldner nicht bloßzustellen. Dieser Grundsatz ist erst in der VO. vom 14. Juni 1924 aufgegeben.

An die Stelle der Geschäftsaufsicht, die sich in der Hauptsache als Moratorium auswirkte, ist ein schärferes Verfahren getreten, der Vergleich zur Abwendung des Konkurses[2]) (Vergl.O. vom 5. Juli 1927)[3]).

---

[1]) Diese werden beherrscht von zwei Prinzipien: dem Territorialitätsprinzip und dem Universalitätsprinzip.

[2]) Ausländische Gläubiger können aber als Konkursgläubiger teilnehmen (RG. 21, 23).

[1]) Lit.: W. Kiesow, 3. Aufl. 1930 u. die dort S. XIIIff. angegebenen Nachweisungen.

[2]) Präventivakkord.

[3]) In Kraft getreten am 1. Oktober 1927 (mit Übergangsbestimmungen).

2. Das Vergleichsverfahren verfolgt den Zweck, einen zahlungsunfähigen Schuldner, dem noch zu helfen ist, vor dem Konkurs durch Herbeiführung eines gerichtlichen Zwangsvergleichs zu schützen. Dabei müssen aber auch die Interessen der oft nicht weniger notleidenden Gläubiger gewahrt werden. Der Schuldner muß mit einem bestimmten Vergleichsvorschlag hervortreten und gleichzeitig die Zustimmung einer Mehrheit der Gläubiger zur Eröffnung des Vergleichsverfahrens beibringen. Das sich anschließende Verfahren hat zum Gegenstande, einen Vergleich zwischen dem Schuldner und seinen Gläubigern zustande zu bringen. Scheitert dies, so wird das Vergleichsverfahren alsbald in ein Konkursverfahren übergeleitet. Für Beschleunigung des Verfahrens sorgen eine Reihe von gesetzlichen Fristen (zu vgl. §§ 19, 20, 28, 66, 67, 79).

Auf das Vergleichsverfahren sind die Gerichtsferien ohne Einfluß (§ 97).

§ 24.

Grundzüge.

Die Grundzüge des Vergleichsverfahrens sind folgende:

(1) Antragsberechtigt ist der zahlungsunfähige (bzw. überschuldete) Schuldner[1]) (nicht die Gläubiger).

Antragspflichtig (wahlweise zur Konkurseröffnung oder Einleitung des Vergleichsverfahrens) sind die Vorstandsmitglieder der Aktiengesellschaft, der Genossenschaften, die persönlich haftenden Gesellschafter der Kommandit-Aktien-Gesellschaft, die Geschäftsführer einer G. m. b. H., sobald Zahlungsunfähigkeit oder Überschuldung vorliegt. Eine solche Pflicht besteht auch für den Vorstand eines rechtsfähigen Vereins und bei Überschuldung eines Nachlasses auch für den Erben, sofern das Vergleichsverfahren nach § 92 Vergl.O. zugelassen ist.

Nach Auflösung der bezeichneten Gesellschaften oder Genossenschaften ist die Eröffnung eines Vergleichsverfahrens unzulässig. Für die Liquidatoren besteht nur eine Verpflichtung zum Antrag auf Konkurseröffnung. Die Antragspflicht ist also verschieden für bestehende und für aufgelöste Gesellschaften und Genossenschaften.

(§§ 240 Nr. 2, 298, 315, 320 Abs. 3, 325 Nr. 8 HGB.; §§ 99, 118, 140, 142, 148 Gen.Ges.; §§ 64, 71, 84 G. m. b. H.; §§ 42, 1980 Abs. 1 BGB.; Reichsges. vom 25. März 1930.)

(2) Mit dem Vergleichsvorschlag ist die schriftliche Erklärung der Gläubigermehrheit, daß sie mit der Eröffnung des Vergleichsverfahrens einverstanden ist, vorzulegen[2]). Auch sind alsbald die Unterlagen für eine Nachprüfung der Vertrauenswürdigkeit des Schuldners und seiner Vermögenslage einzureichen[3]).

(3) Der Vergleich muß allen von ihm betroffenen Gläubigern gleiche Rechte gewähren. Eine ungleiche Behandlung ist nur zulässig, wenn die Mehrheit der zurückgesetzten Gläubiger mit drei Vierteln der zurückgesetzten Forderungen zustimmt.

---

[1]) Zahlungsschwierigkeit oder Zahlungsstockung allein reichen als Vergleichsgründe nicht aus.

[2]) Erforderlich ist mehr als die Hälfte der Gesamtsumme der Forderungen, § 16 Nr. 4.

[3]) Die angebotenen Sicherheiten sind bestimmt zu bezeichnen, § 16 Nr. 5.
Die Vorbereitung des Verfahrens liegt dem Schuldner ob. Einen Antrag auf Konkurseröffnung kann der Schuldner mit dem Vergleichsantrage abwehren (§ 1 Abs. 3).

(4) Der Vergleich muß, wenn er auf Schulderlaß abzielt, den Gläubigern mindestens 30 Prozent ihrer Forderungen gewähren. Werden 30, aber nicht 50 Prozent geboten, so kann die Eröffnung des Verfahrens abgelehnt werden (§ 23 Nr. 1)[4]).

(5) Das Gericht entscheidet nach Abschluß der Ermittelungen[5]), ob das Vergleichsverfahren zu eröffnen ist[6]). Wird der Antrag abgelehnt[7]), so ist zugleich über die Eröffnung des Konkurses zu entscheiden (sog. Anschlußkonkurs)[8]).

(6) Wird das Vergleichsverfahren eröffnet, so werden der Beschluß und der Vergleichstermin in derselben Weise wie im Konkursverfahren öffentlich bekanntgemacht.

(7) Der Schuldner behält — im Gegensatz zum Konkurs — grundsätzlich die Verfügungsbefugnis über sein Vermögen. Jedoch kann das Gericht zugunsten der Gläubiger Verfügungsbeschränkungen anordnen. So Verfügungsverbote bezüglich einzelner Vermögensgegenstände, auch ein allgemeines Veräußerungsverbot, § 50. Die Geschäftsführung des Schuldners wird durch eine oder mehrere Vertrauenspersonen[9]) überwacht, die unter der Aufsicht des Gerichts stehen. Das Gericht kann auch einen Gläubigerausschuß bestellen[10]), der die Vertrauensperson in der Erfüllung ihrer Aufgaben zu unterstützen und zu überwachen hat. Vertrauensperson und die Mitglieder des Gläubigerausschusses haben wie der Konkursverwalter eine amtsartige Stellung.

(8) An dem Vergleichsverfahren beteiligt sind nur solche Gläubiger, welche im Konkurs nichtbevorrechtigte Konkursgläubiger sein würden[11]).

Nach Eröffnung des Vergleichsverfahrens können diese Gläubiger keine Zwangsvollstreckungen in das Vermögen des Schuldners mehr vornehmen. Anhängige Zwangsvollstreckungen sind einstweilen einzustellen. Anträge auf Konkurseröffnung werden ausgesetzt.

Ist der Schuldner Vollkaufmann, so hat er seiner Firma den Zusatz „im Vergleichsverfahren" beizufügen (§ 37).

---

[4]) Wegen des Erfordernisses der verstärkten Mehrheit der Stimmen vgl. unten zu 10.

[5]) Anhörung amtlicher Berufsvertretungen, § 20.

[6]) Die Entscheidung ist in die Hand des Gerichts gelegt. Eine unbeschränkte Gläubigerherrschaft, die vielfach verlangt wurde, ist abgelehnt. Das Gericht entscheidet, ob es sich um einen Schuldner handelt, dessen Erhaltung sich wirtschaftlich lohnt. Dabei bedient sich das Gericht der sachverständigen Äußerungen der Berufsvertretungen (Handelskammern, Handwerkskammern, Landwirtschaftskammern), die die wirtschaftliche Würdigkeit des Schuldners prüfen (§ 20).

Zuständig für das Vergleichsverfahren ist das Amtsgericht, das für die Eröffnung des Konkurses für den Schuldner zuständig wäre (§ 1).

Die Entscheidung, die das Vergleichsverfahren eröffnet, ist mit einem Rechtsmittel nicht anfechtbar.

Die Eröffnung des Verfahrens hat keine Stundung der Forderungen gegen den Schuldner zur Folge (zu vgl. für die Geschäftsaufsicht RG. 113, 54; 114, 206 — gegen RG. 100, 62, 65ff.).

[7]) Das Gesetz enthält zwingende und nicht zwingende Ablehnungsgründe, §§ 22, 23.

[8]) Gegen die Entscheidung steht dem Schuldner die sofortige Beschwerde zu, § 24 Abs. 2.

[9]) Das Gegenspiel im Konkurs ist der Konkursverwalter, § 40.

[10]) Unter Umständen muß dies geschehen, § 48 Abs. 1.

[11]) Ausgeschlossen sind mithin die bevorrechtigten Konkursgläubiger, auch Aus- und Absonderungsberechtigte sowie Massegläubiger, § 2.

Ausgeschlossen sind ferner Gläubiger aus gegenseitigen Verträgen, die von beiden Teilen noch nicht erfüllt sind. So, wenn sich der Verkäufer an der Kaufsache das Eigentum vorbehalten und der Käufer noch nicht vollständig bezahlt hat (§ 4)

(9) Im Vergleichstermine wird über den Vergleichsvorschlag verhandelt. Die Vorschriften über das Zustandekommen des Vergleichs entsprechen den Vorschriften über den Zwangsvergleich im Konkurs.

Die Aufsichtsperson berichtet über die Sachlage, der Schuldner muß persönlich erscheinen. Auch die nicht an dem Verfahren beteiligten Gläubiger können erscheinen und sind auf ihren Antrag zu hören[12]).

(10) Zum Abschluß eines Vergleichs ist erforderlich, daß die Mehrheit der stimmberechtigten Gläubiger dem Vergleiche zustimmt und die Gesamtsumme der Forderungen der zustimmenden Gläubiger mindestens drei Viertel der Forderungen der stimmberechtigten Gläubiger beträgt. Die Gesamtsumme wird auf vier Fünftel heraufgesetzt, wenn der Vergleich den Gläubigern bei Schulderlaß nicht mehr als die Hälfte (50 Prozent) ihrer Forderungen gewährt; sie wird auf die Hälfte herabgesetzt, wenn der Vergleich nur auf Stundung bis zu einem Jahr mit oder ohne Zinserlaß lautet (§ 63).

Die Zustimmung kann auch schriftlich erfolgen (§ 65).

(11) Wird der Vergleich angenommen, so bedarf er zu seiner Gültigkeit noch der Bestätigung des Gerichts. Wird er abgelehnt, so ist das Verfahren einzustellen und über die Eröffnung des Konkurses zu entscheiden[13]).

(12) Der Vergleich ist zu verwerfen, wenn bestimmte Gründe vorliegen (wesentliche Verfahrensmängel, Vertrauensunwürdigkeit des Schuldners, unlauteres Vorgehen des Schuldners, wirtschaftliche Schädlichkeit des Vergleichs)[14]). Auch in diesem Falle ist gleichzeitig über die Eröffnung des Konkurses zu befinden.

Das Verfahren wird eingestellt, wenn einer der im § 79 aufgeführten Gründe vorliegt (Abbruch wegen Aussichtslosigkeit).

(13) Der bestätigte Vergleich ist wirksam für und gegen alle beteiligten Gläubiger, auch wenn sie an dem Verfahren nicht teilgenommen haben[15]).

(14) Mit der Bestätigung des Vergleichs wird das Vergleichsverfahren aufgehoben. Die Aufhebung ist in der üblichen Weise öffentlich bekanntzumachen.

(15) Aus dem bestätigten Vergleich in Verbindung mit einem Auszug aus dem Gläubigerverzeichnis findet wegen der darin anerkannten Forderung die Zwangsvollstreckung gegen den Schuldner und etwaige Vergleichsgaranten statt (§ 75).

(16) Bei Erlaßvergleichen ist im Zweifel anzunehmen, daß der Erlaß hinfällig wird, wenn

a) der Schuldner mit Erfüllung des Vergleichs in Verzug kommt, oder
b) vor vollständiger Erfüllung des Vergleichs in Konkurs gerät.

Sog. kassatorische Klausel, § 7.

---

[12]) Es besteht für die Gläubiger kein Anmeldezwang, auch ist keine Feststellung der Schuldenmasse vorgeschrieben. Der Verhandlung wird vielmehr das vom Schuldner eingereichte (eventuell berichtigte) Gläubigerverzeichnis zugrunde gelegt.

[13]) Anschlußkonkurs wie oben zu 5.

[14]) Zu vgl. § 68.

[15]) § 73 Abs. 1 (wie im Konkurs). Über Vernichtung von Zwangsbefriedigungen und Zwangssicherungen vgl. § 70.

(17) Für das beim Scheitern des Vergleichs sich anschließende Konkursverfahren gelten eine Reihe von Sondervorschriften. Zu vgl. §§ 83, 84, 87. Auch der Kreis der Massegläubiger ist erweitert, § 85, 86.

(18) Sondervorschriften gelten — wie im Konkursverfahren — für Aktiengesellschaften, Gesellschaften mit beschränkter Haftung, sonstige juristische Personen, Vereine ohne Rechtsfähigkeit, offene Handelsgesellschaften, Kommandit- und Kommandit-Aktien-Gesellschaften, eingetragene Genossenschaften, Versicherungsunternehmungen, für einen Nachlaß sowie für das Gesamtgut einer fortgesetzten Gütergemeinschaft[16]), §§ 88—94.

---

[16]) Nicht vergleichsfähig sind:
a) konkursfähige Versicherungsunternehmungen, die der Versicherungsaufsicht unterliegen (§ 94);
b) konkursfähige Personenvereinigungen in Liquidation (§§ 88, 89, 91);
c) Nachlaß und Gesamtgut bei fortgesetzter Gütergemeinschaft nach der Teilung (§§ 92, 93).

FSC
www.fsc.org
MIX
Papier | Fördert gute Waldnutzung
FSC® C083411

Kolibri 360 GmbH
Ferdinand-Jühlke-Straße 7
99095 Erfurt, Deutschland
produktsicherheit@kolibri360.de